ACCESO GRATIS ***a la Lectura en la Nube***

Para visualizar el libro electrónico en la nube de lectura envíe junto a su nombre y apellidos una fotografía del código de barras situado en la contraportada del libro y otra del ticket de compra a la dirección:

ebooktirant@tirant.com

En un máximo de 72 horas laborales le enviaremos el código de acceso con sus instrucciones.

La visualización del libro en **NUBE DE LECTURA** excluye los usos bibliotecarios y públicos que puedan poner el archivo electrónico a disposición de una comunidad de lectores. Se permite tan solo un uso individual y privado

ENFOQUE DE GOBERNANZA

Herramienta para el desarrollo con identidad de los pueblos y comunidades indígenas

COMITÉ CIENTÍFICO DE LA EDITORIAL TIRANT LO BLANCH

María José Añón Roig
Catedrática de Filosofía del Derecho de la Universidad de Valencia
Ana Cañizares Laso
Catedrática de Derecho Civil de la Universidad de Málaga
Jorge A. Cerdio Herrán
Catedrático de Teoría y Filosofía de Derecho. Instituto Tecnológico Autónomo de México
José Ramón Cossío Díaz
Ministro en retiro de la Suprema Corte de Justicia de la Nación y miembro de El Colegio Nacional
María Luisa Cuerda Arnau
Catedrática de Derecho Penal de la Universidad Jaume I de Castellón
Manuel Díaz Martínez
Catedrático de Derecho Procesal de la UNED
Carmen Domínguez Hidalgo
Catedrática de Derecho Civil de la Pontificia Universidad Católica de Chile
Eduardo Ferrer Mac-Gregor Poisot
Juez de la Corte Interamericana de Derechos Humanos
Investigador del Instituto de Investigaciones Jurídicas de la UNAM
Owen Fiss
Catedrático emérito de Teoría del Derecho de la Universidad de Yale (EEUU)
José Antonio García-Cruces González
Catedrático de Derecho Mercantil de la UNED
José Luis González Cussac
Catedrático de Derecho Penal de la Universidad de Valencia
Luis López Guerra
Catedrático de Derecho Constitucional de la Universidad Carlos III de Madrid
Ángel M. López y López
Catedrático de Derecho Civil de la Universidad de Sevilla
Marta Lorente Sariñena
Catedrática de Historia del Derecho de la Universidad Autónoma de Madrid
Javier de Lucas Martín
Catedrático de Filosofía del Derecho y Filosofía Política de la Universidad de Valencia
Víctor Moreno Catena
Catedrático de Derecho Procesal de la Universidad Carlos III de Madrid
Francisco Muñoz Conde
Catedrático de Derecho Penal de la Universidad Pablo de Olavide de Sevilla
Angelika Nussberger
Catedrática de Derecho Constitucional e Internacional en la Universidad de Colonia (Alemania)
Miembro de la Comisión de Venecia
Héctor Olasolo Alonso
Catedrático de Derecho Internacional de la Universidad del Rosario (Colombia) y Presidente del Instituto Ibero-Americano de La Haya (Holanda)
Luciano Parejo Alfonso
Catedrático de Derecho Administrativo de la Universidad Carlos III de Madrid
Consuelo Ramón Chornet
Catedrática de Derecho Internacional Público y Relaciones Internacionales de la Universidad de Valencia
Tomás Sala Franco
Catedrático de Derecho del Trabajo y de la Seguridad Social de la Universidad de Valencia
Ignacio Sancho Gargallo
Magistrado de la Sala Primera (Civil) del Tribunal Supremo de España
Elisa Speckmann Guerra
Directora del Instituto de Investigaciones Históricas de la UNAM
Ruth Zimmerling
Catedrática de Ciencia Política de la Universidad de Mainz (Alemania)

Fueron miembros de este Comité:
Emilio Beltrán Sánchez, Rosario Valpuesta Fernández y Tomás S. Vives Antón

Procedimiento de selección de originales, ver página web:
www.tirant.net/index.php/editorial/procedimiento-de-seleccion-de-originales

Comité Editorial

Arely Gómez González

Mariano Azuela Güitrón

Alfonso Pérez Daza

Juan Pablo Pampillo Baliño

Luciano Parejo Alfonso

José Luis González Cussac

Director de la colección

Eber Omar Betanzos Torres

ENFOQUE DE GOBERNANZA

Herramienta para el desarrollo con identidad de los pueblos y comunidades indígenas

Ismerai Betanzos Ordaz

tirant lo blanch
Ciudad de México, 2025

Copyright ® 2025

Todos los derechos reservados. Ni la totalidad ni parte de este libro puede reproducirse o transmitirse por ningún procedimiento electrónico o mecánico, incluyendo fotocopia, grabación magnética, o cualquier almacenamiento de información y sistema de recuperación sin permiso escrito de la autora y del editor.

En caso de erratas y actualizaciones, la Editorial Tirant lo Blanch México publicará la pertinente corrección en la página web www.tirant.com/mex/

Este libro será publicado y distribuido internacionalmente en todos los países donde la Editorial Tirant lo Blanch esté presente.

© Ismerai Betanzos Ordaz

© EDITA: TIRANT LO BLANCH
DISTRIBUYE: TIRANT LO BLANCH MÉXICO
Av. Tamaulipas 150, Oficina 502
Hipódromo, Cuauhtémoc, 06100 Ciudad de México
Telf: +52 1 55 65502317
infomex@tirant.com
www.tirant.com/mex/
www.tirant.es
ISBN: 978-84-1095-054-2
MAQUETA: Tink Factoría de Color

Si tiene alguna queja o sugerencia, envíenos un mail a: atencioncliente@tirant.com. En caso de no ser atendida su sugerencia, por favor, lea en *www.tirant.net/index.php/empresa/politicas-de-empresa* nuestro procedimiento de quejas.

Responsabilidad Social Corporativa: http://www.tirant.net/Docs/RSCTirant.pdf

Queremos seguir siendo lo que somos,
pero no queremos seguir estando como estamos.

En 1923, Deskaheh, jefe de los Haudenosaunee, viajó a Ginebra para hablar ante la Liga de las Naciones y defender el derecho de su pueblo de vivir conforme a sus propias leyes, en sus propias tierras y bajo su propia fe. Aunque no se le permitió tomar la palabra, regresó a su pueblo en 1925, y su visión alimentó a las generaciones que le siguieron[1].

---

1 https://www.docip.org/es/historia-oral-y-memoria/proceso-historico/

A mis ancestras

A mi madre y a mi padre, mi agradecimiento profundo por darme la oportunidad de ser la primera

Índice

Introducción

Este trabajo surge las inquietudes de quién conociendo el contexto y el origen comunitario conozco también la administración pública desde el estudio y la práctica, por lo que el enfoque es desde la administración pública y de manera específica, desde el servicio público, de manera particular, analizando las posibilidades para el desarrollo con identidad desde el enfoque de gobernanza que permitiría un diálogo directo entre el Estado y las comunidades indígenas.

A pesar de que desde 1948 existe en México una institucionalidad para la atención de las necesidades de la población indígena y se han invertido miles de millones de pesos en presupuesto para solucionar los problemas sociales que le aquejan, los pueblos indígenas siguen viviendo en condiciones de pobreza y pobreza extrema y los mecanismos de la administración pública para su participación en la planeación del desarrollo nacional no son acordes a sus sistemas de toma de decisiones.

En el plano normativo, el mandato contenido en los artículos 2o, apartado B, fracción IX, y 26, apartado A, de la Constitución Federal no ha sido armonizado lo suficiente para que la población indígena forme parte activa de la planeación nacional del desarrollo. Se requiere, por ende, un nuevo modelo de planeación local, en el que los pueblos indígenas y sus comunidades sean sujetos activos de su desarrollo, esto es, que sea la población indígena la que defina qué es el desarrollo para cada una de sus comunidades y con qué recursos cuentan para aportar a este proceso.

El desarrollo planteado desde los gobiernos no ha mejorado las condiciones de vida de la población: los pueblos indígenas y sus comunidades siguen siendo los más pobres entre los pobres. Se requiere entonces un modelo de desarrollo diferenciado que incluya la visión de los pueblos, donde la participación directa sea la base para garantizar sus derechos humanos, y una línea de desarrollo trazada de acuerdo con sus necesidades o aspiraciones.

El enfoque de gobernanza en la administración pública, si se implementa para atender los temas de los pueblos indígenas como grupo social de atención prioritaria, puede generar un cambio de visión en las instituciones para atender de mejor manera los problemas sociales de los pueblos y sus comunidades, y para cerrar las brechas que impiden su desarrollo. Desde este enfoque se puede garantizar también el derecho de libre determinación y autonomía de los pueblos indígenas para decidir libremente su desarrollo económico, social y cultural.

El enfoque de gobernanza permitiría, además, cumplir con el mandato constitucional de una planeación diferenciada. Como señala García (2014):

> Considerando que las constituciones dejan de ser un compendio de valores para configurarse como la fundamentación de un orden de gobernanza democrática que imprime vigencia a las garantías que protege a través del conjunto de órganos que para ello crea. Cuando estas condiciones normativas se trasgreden se ponen en riesgo las garantías de libertad e igualdad para favorecer la masificación, la homogeneidad y la verticalidad en la actuación de las instituciones públicas, dando lugar a un tipo de gobierno en el que el diseño y la heterogeneidad no se reconocen, es más, son mal vistos e incluso castigados (p. 113).

En el mismo sentido de lo que es la gobernanza, esa correlación del gobierno y el cumplimiento de las leyes mediante la implementación de políticas públicas, Aguilar (2015) explica:

> El proceso de gobierno o de gobernar, la *gobernanza*, como el proceso de gobierno o de gobernar, se efectúa mediante diversas actividades particulares y emplea varios instrumentos particulares para sus fines. Pero los dos medios y recursos fundamentales del gobierno para dirigir, son las leyes y las políticas públicas, las cuales enmarcan, incluyen e integran un conjunto de medidas, acciones e instrumentos particulares (pp. 19-20).

Aquí se plantea como vía el enfoque de gobernanza, considerando que a México, a pesar de ser firmante de diversos tratados e instrumentos internacionales sobre la materia, aún le hacen falta mecanismos para implementar los derechos autonómicos de los pueblos indígenas. Esto es, el cumplimiento de los derechos por parte del Estado es a través de las políticas públicas, y en ello, el enfoque de gobernanza permite sumar a otros actores políticos y sociales para hacer realidad el desarrollo social diferenciado en la población indígena. A este respecto, Francisco Porras, en su obra *Gobernanza. Propuestas, límites y perspectivas* (2016), indica:

> La gobernanza es más horizontal, reconociendo al mismo tiempo la desigualdad entre los participantes en la toma de decisiones y el uso de la negociación como herramienta ordinaria. Finalmente, la implementación en el gobierno es centralizada, autoritativa y coercitiva, mientras que en la gobernanza es fragmentada, autoimplementada y voluntaria (p. 83).

Se ha avanzado de manera considerable en el reconocimiento de los derechos de la población indígena, pero no así en su plena vigencia. Cuando se abordan los derechos de grupos específicos, no basta con hablar únicamente de los avances de la legislación; es importante abordar la otra parte que *cierra la pinza*, la implementación. ¿Cuánto presupuesto se destina al cumplimiento de esos derechos y qué políticas públicas se crean para que esa legislación se refleje o tenga efectos en la vida de las personas? México debe pasar de ser un país de políticas públicas homogéneas, porque no somos un país homogéneo, y debe tomarse en cuenta la diversidad cultural para plantear nuevos abordajes de las políticas públicas desde el enfoque de gobernanza.

El Programa de las Naciones Unidas para el Desarrollo (PNUD), en el Informe de Desarrollo Humano de los Pueblos Indígenas de México (2010), advierte que

> La erradicación de la pobreza y la marginación social constituye un proceso orientado fundamentalmente a ampliar las libertades humanas. El desarrollo como proceso social está vinculado a la expansión de la libertad a través de la eliminación de aquellos obstáculos que impiden a los individuos optar entre formas de vida distintas, y entre ellas se incluye la identidad indígena. En ese sentido:
> Las políticas que reconocen las identidades culturales y favorecen la diversidad no originan fragmentación, conflictos, prácticas autoritarias ni reducen el ritmo del desarrollo. Tales políticas son viables y necesarias, puesto que lo que suele provocar tensiones es la eliminación de los grupos que se identifican culturalmente (p. 14).

El PNUD también ha considerado que "entender el desarrollo como libertad previene la transgresión a la identidad cultural de los pueblos indígenas" (2010, p.23). De ahí la necesidad de replantear la forma histórica de abordar los problemas públicos que enfrentan los pueblos indígenas.

Con base en el Censo de Población y Vivienda 2010, el Instituto Nacional de Estadística y Geografía (INEGI) calculó una población de 15.7 millones de personas que se autoadscriben como indígenas (esto es, que se identifican como pertenecientes a un pueblo indígena y que comparten elementos de identidad comunes), que conforman 68 pueblos indígenas nacionales con igual número de lenguas y 364 variantes lingüísticas según el Instituto Nacional de Lenguas Indígenas. Cabe señalar que existen pueblos con reconocimiento local que no han sido incorporados a la lista nacional, como el pueblo tacuate, en Oaxaca, que fue reconocido por el Congreso Local en el año 2020, así como pueblos que se encuentran en proceso de reconstitución para su reconocimiento local como los Huachichiles en San Luis Potosí, los Caxcán en Zacatecas, lo os N´dee en Chihuahua, por mencionar algunos.

La primera incorporación de los derechos de los pueblos indígenas a la Constitución General se dio con la reforma al artículo 4° en 1992. Con esta reforma se reconoció que México es una nación pluricultural, sustentada originalmente en sus pueblos indígenas, así como el derecho de los pueblos indígenas a desarrollar sus lenguas, cultura, usos, costumbres, recursos y formas específicas de organización social, y garantizaba el acceso a la jurisdicción del Estado. En materia agraria, en los juicios se tomarían en cuenta sus prácticas y costumbres jurídicas. Esta reforma fue el primer paso para visibilizar los derechos de los pueblos indígenas en el orden jurídico nacional.

Con el levantamiento armado del Ejército Zapatista de Liberación Nacional (EZLN) en 1994, y con la posterior firma de los Acuerdos de San Andrés en 1996, surgió una nueva discusión sobre el reconocimiento de los derechos a los pueblos indígenas. Así, después de un proceso de transición política, con diversas propuestas de las organizaciones sociales e indígenas y un amplio proceso legislativo, el 14 de agosto de 2001 se publicó en el Diario Oficial de la Federación (DOF) la nueva reforma constitucional, que sería un parteaguas en la vida de los pueblos y las comunidades indígenas. El artículo 2° de la Constitución federal reconoció los derechos que los pueblos y comunidades indígenas pueden ejercer en el marco de la libre determinación y autonomía, y estipuló las obligaciones del Estado para garantizar su desarrollo.

Otra reforma constitucional importante para los pueblos indígenas fue la reforma en materia de derechos humanos de 2011, con la cual la norma internacional de derechos humanos contenida en los tratados forma parte de nuestro orden jurídico nacional. Con ello, el derecho de participación en la toma de decisiones, encuentra un mayor soporte jurídico, ya que el artículo 7, numeral 1, del Convenio 169 de la Organización Internacional del Trabajo (OIT), sobre Pueblos Indígenas y Tribales en Países Independientes, reconoce el derecho de los pueblos indígenas a decidir sus propias aspiraciones de desarrollo. Con ello se garantiza una mayor protección al derecho de participación frente a nuestro marco constitucional y a la Ley de Planeación.

El objetivo de la presente investigación es mostrar que el marco jurídico en México reconoce el derecho al desarrollo de los pueblos indígenas, desde sus distintas visiones, a lo que denominaremos *desarrollo con identidad*, cuya base es el ejercicio de la libre determinación y la autonomía para que los pueblos indígenas elijan sus propios modelos de desarrollo, los cuales deben ser compatibles con sus elementos de identidad y formas de vida, así como con los elementos naturales en sus tierras y en los territorios que habitan u ocupan. Sugerimos que el enfoque de gobernanza en la administración pública puede ser la herramienta para alcanzar estas aspiraciones de desarrollo de los pueblos indígenas, mediante políticas públicas diferenciadas.

Consideramos que este planteamiento es relevante para garantizar la supervivencia de los pueblos indígenas, ya que con base en los resultados del Censo de Población y Vivienda 2010, la otrora Comisión Nacional para el Desarrollo de los Pueblos Indígenas elaboró el Índice de Culturas en Riesgo (CDI, 2014, p. 37), que permite observar la pérdida acelerada de cultura en los pueblos indígenas debido a diversos factores, como la presión cultural, que para los pueblos indígenas aumenta en las fronteras norte y sur del país y en los corredores migratorios, así como en las zonas con desarrollos urbanos, industriales y turísticos, y disminuye en las regiones interiores del país con numerosa población indígena.

Dicho índice nos arroja que cuando se cuenta con un alto nivel de desarrollo en la población indígena, la pérdida de cultura es acelerada, mientras que cuando el nivel es menor, la cultura se mantiene e incluso se reproduce. Esta pérdida de cultura e identidad indígena es resultado de históricas políticas públicas integracionistas. Los procesos de planeación en los que se ha convocado a la población indígena son muy recientes: apenas en 2003 se incluyó en la Ley de Planeación la previsión normativa para la participación de la población indígena, y a la fecha se han elaborado cuatro ejercicios de planeación, de los que han resultado igual número de programas especiales dirigidos a la población indígena.

Consideramos que el actual modelo de planeación nacional no ha logrado reducir la pobreza y la marginación en las comunidades indígenas; incluso, comunidades enteras han sido obligadas a desplazarse de sus territorios ancestrales ante la intervención del Estado. Estas acciones tienen como resultado la pérdida de lengua y la cultura indígenas. Asimismo, y ante la falta de oportunidades, la población migra hacia otros contextos, lo que trae aparejadas fuertes presiones culturales y sociales que los colocan en condiciones de vulnerabilidad.

Esto tiene como consecuencia un proceso de desaparición de pueblos indígenas. Con ello, México pierde cultura e identidad, y las poblaciones originarias, ante los niveles de pobreza y pobreza extrema, se ven forzadas a aceptar políticas públicas integracionistas, etnocidas.

Es pertinente señalar, que nuestra carta magna prevé unicamente la categoría de pueblos y comunidades indígenas, como sujetos colectivos; sin embargo, en algunos documentos consultados se incluye el término "poblaciones indígenas" a veces como sinónimo de pueblos indígenas, ello derivado de la época en las que fueron realizados.

Capítulo 1
Los derechos de los pueblos y comunidades indígenas como asunto público

En el preámbulo de la Declaración de las Naciones Unidas sobre los Derechos de los Pueblos Indígenas se afirma que los pueblos indígenas han sufrido injusticias históricas como resultado, entre otros factores, de la colonización y de haber sido desposeídos de sus tierras, territorios y recursos, lo que les ha impedido ejercer, en particular, su derecho al desarrollo de conformidad con sus propias necesidades e intereses.

La Carta de las Naciones Unidas, el Pacto Internacional de Derechos Económicos, Sociales y Culturales y el Pacto Internacional de Derechos Civiles y Políticos, así como la Declaración y el Programa de Acción de Viena, de los que México es parte, afirman la importancia fundamental del derecho de todos los pueblos a la libre determinación, en virtud del cual éstos determinan libremente su condición política y persiguen libremente su desarrollo económico, social y cultural.

El tema indígena desde la institucionalidad, o desde lo *público gubernamental* (Aguilera, 2012), surgió en 1948 con el Instituto Nacional Indigenista y ha permanecido vigente con una visión paternalista, centralista y de mayor peso en el Ejecutivo Federal hasta la Comisión Nacional para el Desarrollo de los Pueblos Indígenas (2003) y, actualmente, con el Instituto Nacional de los Pueblos Indígenas (2018).

El Instituto Nacional Indigenista (INI) se creó después de que en 1940 se celebró en Pátzcuaro, Michoacán, el Primer Congreso Indigenista Interamericano, al que asistieron representantes de 19 países de Norte, Centro y Sudamérica, y que tuvo como resultado dos acuerdos: la creación del Instituto Indigenista Interamericano y la creación de institutos indigenistas. En respuesta, el 4 de diciembre de 1948 se publicó en el Diario Oficial de la Federación la Ley que crea el Instituto Nacional Indigenista (Ley del INI) como filial del Instituto Indigenista Interamericano.

En esa época no había consenso respecto al término de *pueblos indígenas*, por lo que en la Ley del INI se hacía referencia a los *núcleos indígenas* (artículo 2, fracción I). Las funciones del INI se centraban en el estudio de los problemas relativos a los núcleos indígenas del país, así como a estudiar las medidas de mejoramiento que requirieran.

En la publicación *Instituto Nacional Indigenista, Comisión Nacional para el Desarrollo de los Pueblos Indígenas, 1948-2018* (CDI, 2012) se explica el proceso central de la política indigenista por periodos, de lo cual se incluye en este apartado lo que a nuestra consideración es más relevante para nuestro texto:

En el periodo de 1948-1970, la política indigenista se centró en que *era necesario integrar a los indígenas a la cultura nacional*. El camino para lograrlo fue su aculturación a partir de la acción indigenista en las regiones interculturales, también conocidas como regiones de refugio. El objetivo institucional que se planteó fue inducir el cambio cultural de las comunidades y promover el desarrollo y la integración en las regiones interculturales a la vida económica, social y política de la nación. A partir de 1951 el INI inició el trabajo territorial con la creación del Centro Coordinador Indigenista en San Cristóbal de las Casas, Chiapas, que a la fecha sigue en funciones, y en 1963 se implantó de manera oficial el Sistema de Educación Bilingüe-Bicultural, iniciado por el INI en los Altos de Chiapas ese mismo año.

Ya para el periodo de 1970 a 1976, la visión era que el desarrollo regional sería el camino para elevar la condición de los indígenas y lograr su participación en la vida nacional. En 1970, Nacional Financiera y el Plan Lerma crearon el Comité Interestatal para el Desarrollo de la Sierra Occidental, cuyo propósito era solucionar los problemas en la Zona Huicot, habitada por huicholes, coras y tepehuanos. Una de las acciones que se llevaron a cabo en ese lapso fue la coordinación con el Instituto Nacional de Nutrición, la Secretaría de la Presidencia y la Compañía Nacional de Subsistencias Populares para dar inicio al Programa Auxiliar en Materia Alimentaria. Para esas fechas se habían instalado ya varios centros coordinadores en ciudades cercanas a las regiones indígenas, y desde ahí se implementaba un proceso de integración regional.

En el periodo de 1977 a 1982 se identificaba a la población indígena como un sector de la población que vivía en zonas deprimidas, que debían participar en la construcción de las propuestas de desarrollo y tenían derecho a preservar su identidad. El objetivo institucional se centraba en lograr el equilibrio entre el acceso a la modernidad económica y el respeto a la diversidad cultural, a la participación y al fortalecimiento de la identidad nacional.

Entre las acciones para dar cumplimiento al objetivo institucional, el 21 de enero de 1977 se creó, bajo la dependencia del presidente de la República, la Coordinación General del Plan Nacional de Zonas Deprimidas y Grupos Marginados (COPLAMAR), con la responsabilidad de realizar estudios específicos y proponer al ejecutivo federal la coordinación de las acciones institucionales en la materia. Junto con estas funciones de alcance general, se dispuso que su titular presidiera las entidades creadas para la atención de problemas derivados de la marginalidad social.

Antes de que se iniciaran los movimientos sociales que cambiarían la situación de los derechos de los pueblos indígenas en México, entre 1983 y 1994 se identificaba ya el problema del desarrollo de la población indígena. México, se decía, era un país plural en lo étnico, en lo cultural y en lo ideológico que debía encontrar el equilibrio integrador entre el acceso a la modernidad económica, el respeto a la diversidad social y el fortalecimiento de la unidad nacional.

Desde el INI se planteaba el objetivo de integrar a los indígenas al desarrollo con respeto a su identidad cultural y con su participación. Surgieron así nuevos programas y se instalaron las primeras radiodifusoras Indigenistas, entre otras actividades enfocadas a la planeación de acciones en el territorio.

A partir de que en 1989 se implementó el Programa Nacional de Solidaridad, el INI definió como líneas básicas de acción el fomento a la producción, el bienestar social, la capacitación y asesoría, y el fomento del patrimonio cultural.

En 1989, a petición del presidente de la República, el INI elaboró el Programa Nacional de Desarrollo de los Pueblos Indígenas 1991-1994 como parte del Programa de Solidaridad, con el que compartía el objetivo de apoyar el desarrollo de comunidades y grupos marginados a través de la acción conjunta y directa de sus integrantes.

El declive del INI inició en 1992, cuando la entonces Secretaría de Desarrollo Social asumió las atribuciones, antes de la Secretaría de Educación Pública, que le concedían facultades de coordinación y ejecución de la política y los programas para la atención indígena, así como de gestión ante autoridades federales, estatales y municipales de todas aquellas medidas concernientes al interés general de los pueblos indígenas. Comenzó así el proceso de *sectorizar* la atención a la población indígena.

1.1. LOS DERECHOS DE LOS PUEBLOS Y COMUNIDADES INDÍGENAS COMO ASUNTO PÚBLICO

A raíz de los procesos históricos de exclusión, aislamiento obligatorio y ubicación en regiones de difícil acceso para evitar las consecuencias de la colonización y el exterminio cultural y posteriormente la asimilación, hoy los pueblos indígenas enfrentan problemas complejos que requieren ser atendidos por el Estado. Los niveles de pobreza y de pobreza extrema colocan a la población indígena en todas las mediciones de pobreza como los más pobres entre los pobres, por lo que el problema requiere abordarse con una atención integral y transversal desde la administración pública y tomando en cuenta las propias voces indígenas.

Los derechos de los pueblos indígenas son del interés de lo público Estatal; en palabras de Aguilera (2012, p. 70), garantizarlos "concierne al universo del Estado entendido como la institución que se encarga de organizar la vida colectiva".

Para afrontar las condiciones en las que actualmente vive la mayor parte de la población indígena se requiere la vigencia efectiva de sus derechos.

> El valor público de la acción administrativa es imperativo en sociedades que se caracterizan por un mayor pluralismo, lo cual implica que hay opciones válidas que se pueden aprovechar para multiplicar los recursos escasos y, al mismo tiempo, la relación de las instituciones administrativas con los actores productivos y sociales intensifica formas de cooperación que son indispensables para conseguir resultados colectivos (Aguilera, p. 190).

En esta investigación se muestran "las condiciones, causas y consecuencias de los hechos que afectan" (García, 2019, p. 331) a la población indígena, desde los efectos de políticas públicas indigenistas y asimilacionistas hasta las nuevas formas de abordar las problemáticas mediante el enfoque de gobernanza.

Para Uvalle, existe un sistema de cooperación entre el Estado, la sociedad, los ciudadanos y la administración pública, "que contribuye a la reproducción pacífica y eficaz de la vida comunitaria, en condiciones de fortalecer la existencia de lo público, como producto de la interacción de actores gubernamentales y actores no gubernamentales" (2019, p. 268).

En la formación de la agenda pública, identificar los problemas públicos prioritarios se vuelve cada vez más complejo ante la diversidad de temas que requieren atención, las presiones de grupos y organizaciones, etc. Sin embargo, la problemática que viven los pueblos indígenas como grupo social específico engloba diversos factores históricos, sociales, culturales o relativos a la seguridad nacional, y que incluyen la interseccionalidad. Es por ello que la garantía de los derechos de la población indígena se plantea como un asunto público que requiere incorporarse a la agenda nacional como un tema que amerita la intervención del Estado, por no mencionar que, en la actualidad, el incumplimiento de los derechos humanos colectivos de la población indígena podría representar responsabilidad internacional al Estado mexicano, independientemente del poder o el nivel de gobierno que incurra en él.

1.2. CONCEPTOS BÁSICOS

Es importante establecer, en primer lugar, una aproximación a los conceptos básicos de esta investigación, a fin de poder vincular los dos temas coyunturales: el enfoque de gobernanza visto desde el servicio público y las ideas de desarrollo vistas desde los pueblos indígenas, considerando la diversidad cultural de un país como el nuestro.

Así, desde estos dos conceptos, la gobernanza y el desarrollo con identidad, se plantea una nueva visión de gestión pública para alcanzar un desarrollo diferenciado en contextos multiculturales, diversos y plurilingües.

1.2.1. Gobernanza

En este apartado se estudian diferentes autores que definen la gobernanza desde la concepción que nos interesa. Se ha elegido este enfoque para atender las problemáticas que enfrentan los pueblos indígenas, desde un gobierno que permite la intervención de distintos actores para resolver o buscar soluciones a problemas complejos, históricos y estructurales como el que vive la población indígena, un grupo social diverso que requiere políticas públicas transversales e interseccionales con un enfoque de derechos humanos colectivos. Como señala Aguilar en dos momentos distintos:

> En las democracias liberales y en las democracias sociales de los Estados de derecho, es obligatorio y no opcional un proceso de gobierno que respete, promueva, proteja y garantice los derechos humanos, civiles, políticos, sociales de todos los ciudadanos, sin excepción y sin otra condición más que el respeto de la ley (2015, p.17).
>
> Gobernanza es el concepto o enfoque que recientemente se emplea para denotar la acción de gobernar y necesita el involucramiento de los ciudadanos y de sus organizaciones económicas y sociales para decidir y realizar los objetivos públicos, los planes de desarrollo, las políticas públicas, los programas, los servicios públicos, las inversiones (2019, pp. 218-219).

Omar Valencia, en su obra *Gobernanza, transparencia y rendición de cuentas: un análisis de programas,* señala:

> En general, los conceptos son sumamente variados, pero comúnmente podemos encontrar el elemento de generación de interacciones entre actores, no sólo gubernamentales, sino en conjunto a ciudadanos y actores privados, conformando una nueva forma de entender y funcionar en el espacio público a través de la fragmentación de las esferas de po-

> der, la negociación para la conformación de consensos y/o mayorías en la toma de decisiones públicas (2020, p.29).

Aguilar define así el nuevo enfoque de la gobernanza:

> Por *gobernanza* debe entenderse el proceso de gobierno, dirección o rectoría de la sociedad. Y se entiende específicamente el proceso a través del cual el gobierno, las organizaciones políticas y sociales, las empresas y otras asociaciones definen y deciden los objetivos (fundamentales y coyunturales) de la vida común, el rumbo y sentido de dirección de la sociedad, así como definen y deciden las formas de organización, las asociaciones y los recursos para realizar los objetivos socialmente deseados. La actividad del gobierno es entonces una actividad intencional y causal. Intencional, puesto que se enfoca y orienta hacia objetivos considerados socialmente valiosos, y causal, puesto que la actividad gubernativa busca realizar, efectuar, esos mismos objetivos (2015, p. 21).

Como señala Aguilar, lo que se plantea es un "nuevo modo de gobernar, en el que los objetivos y las acciones son decididos asociadamente entre el gobierno y la sociedad de diversas maneras" (2015, p. 22), lo que él denomina *nueva gobernanza.*

Por su parte, María del Carmen Pardo afirma:

> La Gobernanza es la manera de aproximarse a resolver problemas que han sido reconocidos como tales por la colectividad, como pueden ser los de seguridad pública, pobreza o contaminación; también la manera en que se monitorea el desempeño de las corporaciones y el papel de la sociedad civil (2016, p. 113).

Así, el enfoque de gobernanza aquí adoptado permitiría abordar nuevos procesos de desarrollo para abatir una problemática estructural como la pobreza y la pobreza extrema en las comunidades indígenas, justamente porque se deja de lado la visión institucional integracionista en la que los indígenas no tienen voz y se abraza esta nueva visión, en la que Estado y pueblos indígenas resuelven problemas estructurales desde la visión de la propia comunidad, garantizando con ello que la inversión y los proyectos perduren en el tiempo.

Se trata, pues, de que el enfoque de gobernanza permita el diálogo directo y propicie que las opiniones y propuestas de ambas partes, pueblos indígenas y gobierno, tengan igual importancia en la construcción de las soluciones a los problemas sociales, con el fin de que los pueblos indígenas tengan acceso al buen vivir.

1.2.2. Desarrollo con identidad

Los artículos 3 y 32 de la Declaración de las Naciones Unidas sobre los Derechos de los Pueblos Indígenas establece el fundamento del desarrollo con cultura e identidad de los pueblos indígenas.

En el artículo 3, la Declaración prevé el derecho de los pueblos indígenas a definir sin interferencias externas su condición política y perseguir libremente su desarrollo económico, social y cultural, mientras que en el artículo 32 reconoce su derecho a definir de qué manera alcanzar su propio desarrollo.

> Artículo 3
> Los pueblos indígenas tienen derecho a la libre determinación. En virtud de ese derecho determinan libremente su condición política y persiguen libremente su desarrollo económico, social y cultural.
>
> Artículo 32
> 1. Los pueblos indígenas tienen derecho a determinar y elaborar las prioridades y estrategias para el desarrollo o la utilización de sus tierras o territorios y otros recursos.

En el noveno periodo de sesiones del Foro Permanente (19 a 30 de abril de 2010), con base en las resoluciones E/2010/43 y E/C.19/2010/15, se abordó como tema especial "el desarrollo de los pueblos indígenas y las cuestiones de cultura e identidad: artículos 3 y 23 de la Declaración de las Naciones Unidas sobre los Derechos de los Pueblos Indígenas".

De las recomendaciones que realizó el foro se desprende que los conceptos de los pueblos indígenas sobre el desarrollo con cultura e identidad se caracterizan por un enfoque holístico, que procura cimentarse en los derechos y la seguridad de la colectividad y en un mayor control y gobierno autónomo de las tierras, los territorios y los recursos. Esos conceptos se basan en la tradición y el respeto a los antepasados, pero también están proyectados hacia el futuro, y en una filosofía restaurativa sustentada en los valores de reciprocidad, solidaridad, equilibrio, sostenibilidad, intercambio y colectividad.

En ese marco se estableció que los pueblos indígenas son libres de determinar sus propios conceptos de desarrollo y se definieron los elementos de dicho *desarrollo con cultura e identidad:*

- Los intereses, los conocimientos y la experiencia de los pueblos indígenas deben constituir el centro de las metodologías cuando se trate de establecer conocimientos sobre los pueblos indígenas. El desarrollo de prácticas de investigación indígenas ha de fortalecer la identidad de los pueblos indígenas para asegurar la libre determinación en las esferas jurídicas, política, económica e intelectual.
- Los conceptos holísticos del desarrollo deben considerar la realidad y la lucha que los pueblos indígenas experimentan para vivir en una sociedad accionada por el mercado. Las políticas, las instituciones y los sistemas de desarrollo establecidas por los Estados deben tener en cuenta la diversidad y la pluralidad, así como la coexistencia de gobierno indígena y los sistemas económicos, sociales, educacionales, culturales, espirituales e intelectuales y los recursos naturales con sistemas adoptados por el Estado. Todo ello es parte del derecho de libre determinación de los pueblos indígenas.
- La búsqueda de su bienestar y sostenibilidad. Los pueblos indígenas deben reconstituir, restaurar y revitalizar sus culturas, prioridades y perspectivas. Ese cambio está de acuerdo con los derechos proclamados en la Declaración y en otras normas de derechos humanos internacionales.

En el análisis que se ha hecho desde la ONU, la clave para el desarrollo con identidad de los pueblos indígenas es el ejercicio pleno de su derecho a la libre determinación, con base en sus propias aspiraciones. Es una construcción desde la filosofía de los pueblos, en el ejercicio de su libre determinación, para elegir la forma de vida de sus integrantes y definir el futuro de su población.

En la declaración de México sobre las políticas culturales derivada de la Conferencia Mundial sobre las Políticas Culturales de la Organización de las Naciones Unidas para la Educación, la Ciencia y la Cultura (UNESCO), celebrada en 1982, se determinó que la cultura puede considerarse actualmente como “el conjunto de los rasgos distintivos, espirituales y materiales, intelectuales y afectivos que caracterizan a una sociedad o un grupo social". Este concepto trae elementos fundamentales para fortalecer el argumento de la importancia de las culturas en los procesos de desarrollo, ya que en dicha declaración se señala que la cultura engloba, además de las artes y las letras, los modos de vida, los derechos fundamentales al ser humano, los sistemas de valores, las tradiciones y las creencias.

En esta declaración, la Conferencia afirmó los siguientes principios en relación con la identidad cultural:

1. Cada cultura representa un conjunto de valores únicos e irremplazables, ya que las tradiciones y formas de expresión de cada pueblo constituyen su manera más lograda de estar presente en el mundo.
2. La afirmación de la identidad cultural contribuye, por ello, a la liberación de los pueblos. Por el contrario, cualquier forma de dominación niega o deteriora dicha identidad.
3. La identidad cultural es una riqueza que dinamiza las posibilidades de realización de la especie humana, al movilizar a cada pueblo y a cada grupo para nutrirse de su pasado y acoger los aportes externos compatibles con su idiosincrasia y continuar así el proceso de su propia creación.
4. Todas las culturas forman parte del patrimonio común de la humanidad. La identidad cultural de un pueblo se renueva y enriquece en contacto con las tradiciones y valores de los demás. La cultura es diálogo, intercambio de ideas y experiencias, apreciación de otros valores y tradiciones. Se agota y muere en el aislamiento.
5. Lo universal no puede postularse en abstracto por ninguna cultura en particular; surge de la experiencia de todos los pueblos del mundo, cada uno de los cuales afirma su identidad. Identidad cultural y diversidad cultural son indisociables.
6. Las peculiaridades culturales no obstaculizan, sino que favorecen, la comunión de los valores universales que unen a los pueblos. De ahí que constituya la esencia misma del pluralismo

cultural el reconocimiento de múltiples identidades culturales allí donde coexisten diversas tradiciones.

7. La comunidad internacional considera que es su deber velar por la preservación y la defensa de la identidad cultural de cada pueblo.
8. Todo ello invoca políticas culturales que protejan, estimulen y enriquezcan la identidad y el patrimonio cultural de cada pueblo; además, que establezcan el más absoluto respeto y aprecio por las minorías culturales, y por las otras culturas del mundo. La humanidad se empobrece cuando se ignora o destruye la cultura de un grupo determinado.
9. Hay que reconocer la igualdad y la dignidad de todas las culturas, así como el derecho de cada pueblo y de cada comunidad cultural a afirmar y preservar su identidad cultural, y a exigir su respeto.

En vista de lo anterior consideramos que no pueden disociarse del desarrollo la cultura y la identidad. Debemos reconocer que "no es suficiente crecer económicamente, sino que es necesario hacerlo dentro de un sistema donde se puedan ejercer libertades culturales, religiosas y políticas" (Romero, 2005, p. 16).

También Romero aborda una de las discusiones siempre presentes cuando se plantean proyectos de desarrollo, sobre todo los proyectos de gran escala:

> No todos están de acuerdo con el grado de importancia que se debería otorgar a la cultura dentro de los procesos de desarrollo económico. Por un lado están quienes reconocen que la cultura cumple un rol fundamental en la implementación de los proyectos de desarrollo, y que ese éxito o fracaso depende de la medida en que el desarrollo impulsado por los especialistas coincide o desentona con patrones culturales previamente existentes; por otro lado, aquellos que se apegan a cierto "determinismo cultural" que supone que algunas sociedades están destinadas irremediablemente a vivir en un constante retraso económico, porque sus culturas no están preparadas para incorporarse al crecimiento, y sumarse así, al progreso de los países más avanzados (p. 16).

El Informe sobre Desarrollo Humano 2004 *(La libertad cultural en el mundo diverso de hoy),* aborda precisamente el derecho colectivo de los pueblos indígenas a la cultura:

> Las personas pueden y de hecho tienen múltiples identidades complementarias: etnia, lengua, religión y raza, al igual que ciudadanía. La identidad tampoco es una dinámica excluyente, pues no es necesario elegir entre la unidad del Estado y el reconocimiento de las diferencias culturales (PNUD, 2004, p. 2).

En dicho informe se advierte que "el determinismo cultural —la idea de que la cultura de un grupo explica los resultados económicos y el avance de la democracia— como obstáculo o facilitador resulta sumamente atractivo desde la perspectiva del lego. Pero ni el análisis econométrico ni la historia respaldan estas teorías" (p. 5).

La Declaración Universal sobre la Diversidad Cultural (2001) en su artículo 4 (Los derechos humanos, garantes de la diversidad cultural), establece:

> Artículo 4
> La defensa de la diversidad cultural es un imperativo ético, inseparable del respeto por la dignidad de la persona humana. Ella supone el compromiso de respetar los derechos humanos y las libertades fundamentales, en particular los derechos de las personas pertenecientes tanto a minorías como a pueblos autóctonos. Nadie puede invocar la diversidad cultural para vulnerar los derechos humanos garantizados por el derecho internacional, ni para limitar su alcance.

Sobre lo anterior, señala Romero (2005) que "detrás de muchos proyectos de desarrollo ha existido la noción de un determinismo cultural que sostiene aún que la cultura de un grupo es la determinante en su predisposición hacia el crecimiento económico" (p. 40).

Una vez deshilados estos términos de *identidad cultural, cultura, identidad* y *desarrollo,* podemos señalar que se debe cambiar la visión de mantener estos elementos separados; que la identidad indígena deje de verse como una idea de retraso o algo asociado únicamente con el pasado; que ya no se considere el desarrollo únicamente desde una visión económica o a partir del crecimiento del Producto Interno Bruto o la generación de riquezas.

El desarrollo de un Estado megadiverso debe mirarse desde las distintas visiones. México es un país culturalmente rico; sin embargo, los pueblos indígenas son el grupo social con mayores desventajas económicas y sociales. Eso no se debe principalmente a la falta de recursos naturales o de materias primas, sino al sometimiento institucional a una sola visión predominante de lo que es el desarrollo, en la que el tema indígena o lo indígena es sinónimo de atraso.

1.2.3. Gobernanza y desarrollo con identidad

El Banco Interamericano de Desarrollo (2006), en el documento *Estrategia para el desarrollo indígena*, considera:

> Adoptar conceptos diferenciados para el desarrollo indígena implica la aceptación de los objetivos económicos de estos pueblos, que, en muchos casos, no buscan necesariamente maximizar la rentabilidad de los recursos a corto o mediano plazo, sino que le dan prioridad a una visión de suficiencia del bienestar, de equilibrio con el medio ambiente, y de preservación de los recursos para necesidades futuras. Estas economías tradicionalmente no consideran que la acumulación de riqueza mediante excedentes de producción, especialmente individual o en grupos de elite, contribuya al bienestar o a la seguridad de sus sociedades (p. 4).

Es por ello que se debe transitar de políticas centralizadas y homogéneas a un modelo de desarrollo culturalmente diferenciado que permita, en este caso a los pueblos y comunidades indígenas, acceder a mejores condiciones de vida sin que se comprometa su futuro o su existencia, esto es, un desarrollo con identidad, basado en el derecho de libre determinación de los pueblos indígenas, a través de mecanismos de participación y de consulta indígena.

En las democracias, los gobiernos llevan a cabo distintos procesos de gobernanza. Bajo este enfoque se plantea que los pueblos y comunidades indígenas, en el ejercicio pleno de su derecho de libre determinación y autonomía, y en diálogo directo con las instituciones del Estado, realicen procesos de participación y de consulta indígena para la identificación de los problemas que los aquejan y sus visiones de desarrollo, así como los procesos participativos para solucionarlos sin comprometer los recursos naturales.

El desarrollo, visto desde los pueblos indígenas, va más allá de los indicadores de bienestar; se trata de un estado en el que sus integrantes, pese a las políticas asimilacionistas que actualmente prevalecen y las adversidades que enfrentan en sus territorios, prevalece una relación de respeto con la naturaleza, la madre tierra y la defensa colectiva de su identidad y su territorio.

> Para los pueblos indígenas, *desarrollo* no sólo se refiere a ingreso per cápita o crecimiento económico, sino que trata sobre identidad cultural, armonía entre los seres humanos y la Madre Tierra. Para ellos, Vivir Bien se basa en los valores de la cultura de la vida, la convivencia y la complementariedad no solamente entre las personas, sino en la armonía entre ellas, ellos y la naturaleza, respondiendo a la protección del bien común y la vida en beneficio del conjunto de comunidades y naciones (LAND, FILAC y Ford Foundation, 2019, p. 8).

¿Por qué planteamos un desarrollo con identidad desde un enfoque de gobernanza? Porque los pueblos indígenas tienen derecho a seguir existiendo. Para ello, el Estado debe replantear la intervención que históricamente ha realizado al incursionar en los territorios indígenas con proyectos de desarrollo a gran escala que han desplazado a comunidades enteras de manera forzada, o con políticas públicas asistencialistas que no han logrado resolver el rezago histórico en el que se encuentran las comunidades indígenas en virtud de que no han sido participes en su definición ni en su implementación.

El derecho al desarrollo de los pueblos indígenas debe ser planeado y planteado por los propios pueblos a través de sus instituciones, conjuntamente o con el apoyo de las instituciones del Estado. Cabe señalar que desde que se creó el INI hasta la actualidad se han llevado a cabo diversos procesos en los que las instituciones intervienen en las comunidades realizando diagnósticos de las problemáticas que las aquejan y que las mantienen con altos índices de rezago social. Han convocado a la población indígena a la participación para las definiciones de los instrumentos de planeación nacionales, estatales, municipales, o sectoriales; sin embargo, a la fecha bajo este esquema del Sistema Nacional de Planeación, muy pocas comunidades han logrado abatir el rezago social en el que se encuentra, aun cuando se han destinado miles de millones de pesos a su atención, en la generalidad, la mayor parte de las comunidades aún enfrentan desafíos en el desarrollo social.

Consideramos que se debe a la visión de desarrollo del Estado y a que las estrategias y metas nacionales contenidas en los instrumentos de planeación no recogen las aspiraciones de los pueblos y comunidades indígenas. Mientras esta realidad no cambie, los pueblos indígenas seguirán siendo los más pobres entre los pobres.

1.3. LOS DERECHOS INDÍGENAS EN EL PLANO INTERNACIONAL

En los últimos años, en el ámbito internacional de los derechos humanos, el tema indígena ha ido avanzando de una manera acelerada, particularmente desde la Organización de las Naciones Unidas (ONU).

Existen momentos importantes en la evolución del reconocimiento internacional de los derechos y problemáticas que enfrentan los pueblos indígenas en el mundo. Entre lo más relevante encontramos, en la Organización Internacional del Trabajo (OIT), la aprobación del primer tratado que abordaba la cuestión indígena: el convenio número 107, de 1957. Otro documento importante en el plano internacional fue el *Estudio Martínez Cobo* en 1981, a partir del cual el Consejo Económico y Social (ECOSOC) de la ONU tomó determinaciones que llevaron a construir desde ese foro avances de que gozamos actualmente; por ejemplo, la creación del grupo de trabajo sobre las poblaciones indígenas en 1982, la aprobación del convenio número 169 en 1989, la declaración de 1993 como Año Internacional de los Pueblos Indígenas del Mundo, la declaración en 1994 del primer Decenio Internacional de los Pueblos Indígenas del Mundo, la creación del Foro Permanente para las Cuestiones Indígenas de las Naciones Unidas en el año 2000, la creación en 2001 de la figura de Relatoría Especial sobre los derechos de los pueblos indígenas, el segundo Decenio Internacional de las poblaciones indígenas del mundo en 2005, la creación del Mecanismo de Expertos sobre los derechos de los pueblos indígenas en 2007, la firma de la Declaración de las Naciones Unidas sobre los Derechos de los Pueblos Indígenas también en 2007, la Conferencia Mundial sobre los pueblos indígenas en 2014, y la Declaración Americana sobre los Derechos de los Pueblos Indígenas en 2016, esta última en el marco de la Organización de los Estados Americanos (OEA).

1.3.1. *Convenio 107 de la Organización Internacional del Trabajo sobre Pueblos Indígenas y Tribales en Países independientes, 1957*

La publicación *La OIT y los pueblos indígenas y tribales* (Hernández, 1995) refiere importantes antecedentes de la labor de la OIT en beneficio de los pueblos indígenas.

> En 1921 la OIT llevó a cabo un estudio sobre las condiciones de los trabajadores indígenas, y en 1926 el Consejo de Administración de la OIT instituyó una Comisión de Expertos en Trabajo Indígena con la misión de formular normas internacionales para la protección de estos trabajadores. La labor de esa Comisión sirvió de base para la adopción de algunos instrumentos, entre ellos el Convenio sobre trabajo forzoso, 1930 (núm. 29), y otros convenios que se refieren más directamente a los trabajadores indígenas. Entre estos instrumentos se pueden citar: Convenio sobre el reclutamiento de trabajadores indígenas, 1936 (núm. 50); Convenio sobre los contratos de trabajo (trabajadores indígenas), 1939 (núm. 64); Convenio sobre los contratos de trabajo (trabajadores indígenas), 1947 (núm. 86), y Convenio sobre la abolición de las sanciones penales (trabajadores indígenas), 1955 (núm. 104), amén de ciertas recomendaciones. Como se desprende del título de los convenios mencionados, éstos fueron adoptados con miras a regular las relaciones laborales de estos trabajadores que revestían características específicas.

El Convenio 107 constituyó un primer intento de codificar las obligaciones internacionales de los Estados en relación con los pueblos indígenas y tribales. Por tanto, fue el primer convenio internacional que consideró los derechos de los pueblos indígenas desde lo colectivo, al incluir un apartado de tierras, territorios y recursos.

El Convenio 107 es un instrumento amplio cuya principal temática es el desarrollo. Cubre una variada gama de temas, como los derechos a las tierras; contratación y condiciones laborales; formación profesional; artesanías e industrias rurales; seguridad social y salud; educación y medios de comunicación. En particular, las disposiciones del Convenio 107 en materia de tierras, territorios y recursos proporcionan una amplia cobertura.

El Convenio núm. 107 fue ratificado por 27 países. Su enfoque es integracionista, acorde a las políticas que en ese momento se implementaban en los países con población indígena, como el nuestro.

> Durante la década de 1970, cuando la ONU comenzó a examinar la situación de los pueblos indígenas y tribales con más detalle, y cuando los movimientos indígenas fueron haciéndose visibles a nivel internacional, el enfoque integracionista del Convenio núm. 107 fue objeto de cuestionamientos. Con base en ello, el Consejo de Administración de la OIT convocó a una Comisión de Expertos en 1986, el cual concluyó que el enfoque integracionista del Convenio estaba obsoleto y que su aplicación era perjudicial en el mundo moderno. El Convenio fue revisado durante 1988-1989, y en 1989 se adoptó el Convenio núm. 169. Desde la adopción de este último Convenio, el Convenio núm. 107 ya no quedó abierto para ratificación. Sin embargo, a la fecha está vigente en 17 países (OIT, 2020).

1.3.2. Estudio Martínez Cobo sobre poblaciones indígenas, 1981-1983

El informe final del *Estudio del problema de la discriminación contra las poblaciones indígenas* (1983), realizado por José R. Martínez Cobo, nombrado relator especial de la Subcomisión de Prevención de Discriminaciones y Protección a las Minorías, presentado el 30 de septiembre de 1983 ante el Consejo ECOSOC, fue el primer documento que da cuenta de la situación de los pueblos indígenas del mundo, por lo que constituye un referente internacional que permitió conocer el estado de los derechos y libertades de las poblaciones indígenas y avanzar en su reconocimiento.

Este estudio generó que en 1982 el ECOSOC estableciera el Grupo de Trabajo sobre las Poblaciones Indígenas (WGIP, por sus siglas en inglés), con el mandato de crear estándares mínimos para la protección de los pueblos indígenas.

El *Estudio Martínez Cobo,* en el apartado I. *Política fundamental,* numeral 400, señala que "los estados deberían buscar y orientar sus políticas hacia las poblaciones indígenas en el sentido de respetar su deseo de ser consideradas como diferentes y la identidad étnica explícitamente definida por esas poblaciones" (p. 57).

En relación con los *Estados con diversidad étnica,* numeral 402:

> La Diversidad en sí no es contraria a la unidad. Tampoco la uniformidad en sí produce necesariamente la deseada unidad. Puede, en efecto haber debilidad y hostilidad en la uniformidad producida

> artificialmente y, por el contrario, fortaleza en la diversidad coordinada dentro de un todo armónico, aunque polifacético, a base del respeto a la especificidad de cada uno de los componentes (Cobo, 1983, p. 58).

Estas palabras mantienen su vigencia hoy en día, cuando en los países con alta diversidad cultural se siguen promoviendo acciones uniformes o políticas públicas asimilacionistas en condiciones diferenciadas.

En diversos apartados, el estudio alude a la necesidad de contar con la participación de la población indígena en la toma de decisiones, esto es, que las medidas que tome el Estado se consulten con la población indígena.

1.3.3. Convenio 169 de la Organización Internacional del Trabajo sobre Pueblos Indígenas y Tribales en Países Independientes, 1991

El 27 de junio de 1989, durante la Septuagésima Sexta Reunión de la Conferencia General de la OIT, celebrada en la ciudad de Ginebra, Suiza, se adoptó el Convenio 169 sobre Pueblos indígenas y Tribales en Países Independientes.

México se adhirió el 5 de septiembre de 1990, tras el trámite señalado en el artículo 133 constitucional. El convenio fue aprobado por la Cámara de Senadores del H. Congreso de la Unión el 11 de julio de 1990, según decreto publicado en el Diario Oficial de la Federación el día 3 de agosto de dicho año, y el convenio entró en vigor a nivel internacional el 05 de septiembre de 1991.

La parte preliminar de dicho convenio considera que la evolución del derecho internacional desde 1957 y los cambios sobrevenidos en la situación de los pueblos indígenas y tribales en todas las regiones del mundo hacen aconsejable adoptar nuevas normas internacionales en la materia, a fin de eliminar la orientación hacia la asimilación de las normas.

Cuadro 1. Diferencias entre el C. 107 y el C 169

Convenios núms. 107 y 169: diferencias principales	
Convenio 107	**Convenio 169**
Se basa en el supuesto que los pueblos indígenas y tribales eran sociedades temporarias destinadas a desaparecer con la "modernización"	Se basa en la creencia que los pueblos indígenas constituyen sociedades permanentes
Hace referencia a "poblaciones indígenas y tribales"	Hace referencia a "pueblos indígenas y tribales"
Fomentaba la integración	Reconoce y respeta la diversidad étnica y cultural

Fuente: (OIT, 2020)

El cuadro 1 nos muestra los cambios más importantes entre el Convenio 107 y el Convenio 169, el primero con un espíritu integracionista de la población indígena al desarrollo y etnocida al mismo tiempo; la aculturación de los pueblos a través de la educación tenía el único propósito de que los indígenas dejaran de ser indígenas. El segundo, por su parte, aborda las principales problemáticas de los pueblos indígenas y constituye una norma jurídica internacional de relevancia para el avance de los derechos de los pueblos en los países ratificantes. Asimismo, reconoce las aspiraciones de los pueblos indígenas de asumir el control de sus propias instituciones y formas de vida, así como de su desarrollo económico, y a mantener y fortalecer sus identidades, lengua y religiones, dentro del marco de los Estados en que viven.

Un tema importante que aborda el Convenio 169 es el derecho de autoidentificación de los pueblos indígenas y pueblos tribales, esto es, la facultad de un pueblo determinado para considerarse indígena o tribal, o de una persona para identificarse como perteneciente a ese pueblo. Esto en México se incorporó en el artículo 2° constitucional como autoadscripción indígena.

El derecho fundamental de consulta y de participación en la planeación del desarrollo de los pueblos indígenas se encuentra contenido en los artículos 6.1. a) y b), y 7.1. De manera particular, el artículo 7 prevé el derecho de los pueblos indígenas a decidir sus propias prioridades en lo que atañe al proceso de desarrollo.

Artículo 6
1. Al aplicar las disposiciones del presente Convenio, los gobiernos deberán:
a) consultar a los pueblos interesados, mediante procedimientos apropiados y en particular a través de sus instituciones representativas, cada vez que se prevean medidas legislativas o administrativas susceptibles de afectarles directamente;
b) establecer los medios a través de los cuales los pueblos interesados puedan participar libremente, por lo menos en la misma medida que otros sectores de la población, y a todos los niveles en la adopción de decisiones en instituciones electivas y organismos administrativos y de otra índole responsables de políticas y programas que les conciernan.

Artículo 7
1. Los pueblos interesados deberán tener el derecho de decidir sus propias prioridades en lo que atañe al proceso de desarrollo, en la medida en que éste afecte a sus vidas, creencias, instituciones y bienestar espiritual y a las tierras que ocupan o utilizan de alguna manera, y de controlar, en la medida de lo posible, su propio desarrollo económico, social y cultural. Además, dichos pueblos deberán participar en la formulación, aplicación y evaluación de los planes y programas de desarrollo nacional y regional susceptibles de afectarles directamente (OIT, 2014, pp. 26-28).

Como se ve, el Convenio 169 ofrece el fundamento de la norma internacional de derechos humanos para que los gobiernos de los países firmantes incorporen a la población indígena en la gestión de la planeación de su desarrollo. Este es un elemento importante en el que se sustenta esta investigación, toda vez que da la base para que la participación en la definición del desarrollo sea más amplia y específica cuando se trate de población indígena, esto es, que sea la población indígena la que establezca sus propios mecanismos de planeación y su visión de desarrollo.

1.3.4. Declaración de las Naciones Unidas sobre los Derechos de los Pueblos Indígenas, 2007

La Declaración de las Naciones Unidas sobre los Derechos de los Pueblos Indígenas (DNUDPI) fue resultado de discusiones y largos procesos y acciones para visibilizar la situación de los derechos y libertades de las poblaciones indígenas en el mundo. Algunos de estos procesos fueron:

- **1993.** Año Internacional de los Pueblos Indígenas del Mundo. Resolución A/RES/47/75 (ONU,1993), adoptada por la Asamblea General durante el cuadragésimo séptimo periodo de sesiones, con miras a fortalecer la cooperación internacional para la solución de los problemas de las comunidades indígenas en esferas tales como los derechos humanos, el medio ambiente, el desarrollo, la educación y la salud, y reconociendo el valor de la diversidad de las culturas y formas de organización social de las poblaciones indígenas del mundo.
- **1994.** Decenio Internacional de los Pueblos Indígenas del Mundo. Resolución A/RES/48/163 (ONU,1994), adoptada por la Asamblea General durante el cuadragésimo octavo periodo de sesiones. El decenio inició el 10 de diciembre de 1994. Su meta fue el fortalecimiento de la cooperación internacional para la solución de los problemas con que se enfrentan los pueblos indígenas en esferas como los derechos humanos, el medio ambiente, el desarrollo, la educación y la salud.
- **2000.** Creación del Foro Permanente. Mediante Resolución 2000/22 (ONU, 2000), de fecha 28 de julio del año 2000, se creó el Foro Permanente para las Cuestiones Indígenas, con las funciones de órgano asesor del ECOSOC. Para ello, se determinó que dicho foro prestara asesoramiento especializado y formulara recomendaciones sobre las cuestiones indígenas al Consejo, así como a los programas, fondos y organismos de las Naciones Unidas.
- **2001.** Se crea la figura de relator especial. La Comisión de Derechos Humanos, mediante resolución 2001/57 (ONU, 2001), decidió nombrar en 2001 un relator especial sobre la situación de los derechos humanos y libertades fundamentales de los indígenas, como parte del sistema de procedimientos especiales de la Comisión. El mandado del relator especial fue posteriormente renovado por la Comisión de Derechos Humanos en 2004 y por el Consejo de Derechos Humanos en 2007. El primer relator especial fue Rodolfo Stavenhagen, de México, que se desempeñó de 2001 a 2008. Posteriormente se designó a James Anaya, de Estados Unidos, por el periodo 20018 a 2014. Le siguió Victoria Tauli Corpuz, de Filipinas, de 2014 a

2020. Posteriormente, el mandato recayó en Francisco Cali, de Guatemala.

- **2005.** Segundo Decenio Internacional de los Pueblos Indígenas del Mundo. Resolución A/RES/59/174 (ONU, 2005), adoptada por la Asamblea General durante el quincuagésimo noveno periodo de sesiones. La meta de este segundo decenio, iniciado el 1 de enero de 2005 y concluido en 2015, fue continuar fortaleciendo la cooperación internacional para solucionar los problemas a que se enfrentaban los pueblos indígenas en esferas tales como la cultura, la educación, la salud, los derechos humanos, el medio ambiente y el desarrollo social y económico, por medio de programas orientados a la acción y proyectos específicos, una mayor asistencia técnica y las actividades normativas pertinentes.
- **2007.** Mecanismo de Expertos sobre los Derechos de los Pueblos Indígenas. Se creó mediante Resolución RES/6/36 (ONU, 2007), del Consejo de Derechos Humanos. Proporciona al Consejo los conocimientos temáticos especializados sobre derechos humanos de los pueblos indígenas. Está compuesto por cinco expertos independientes en derechos de los pueblos indígenas, nombrados por el Consejo de Derechos Humanos, el cual presta la debida atención a los expertos de origen indígena, así como el equilibrio de género y la representación geográfica.

México fue clave para en el proceso de negociación y posterior adopción de la Declaración, que constituye el primer instrumento que abarca el conjunto de los derechos humanos, civiles, políticos, sociales, económicos, ambientales, y sobre todo el reconocimiento de los derechos humanos colectivos de los pueblos indígenas.

En *El desafío de la Declaración. Historia y futuro de la Declaración de la ONU sobre Pueblos Indígenas* (Charters y Stavenhagen, 2009) se expone el proceso histórico de la Declaración hasta su aprobación, así como las propuestas para su implementación. Stavenhagen, en el artículo "Cómo hacer que la Declaración de los Derechos Indígenas sea efectiva", ahí incluido, refiere:

> Por primera vez, las Naciones Unidas abría las puertas de sus salas de reuniones a los indios del continente americano [*sic*], a los aborígenes de Australia, a los inuit y sami del Ártico, a los tribales del sudeste asiático, a los nativos de las islas del Pacífico, a los san, los pigmeos y los pastores nómadas de África. Las sesiones del Grupo de Trabajo, que se prolongaron durante más de veinte años, se convirtieron pronto en algo parecido a audiencias públicas que tenían una gran cobertura mediática internacional y que ayudaron a sensibilizar a la opinión pública sobre las demandas de los pueblos indígenas en todo el mundo. Al final, el Consejo de Derechos Humanos adoptó el proyecto de Declaración sobre los Derechos de los Pueblos Indígenas en junio de 2006 y lo transmitió para su adopción a la Asamblea General, el más alto organismo de las Naciones Unidas, que la proclamó el 13 de septiembre de 2007 (p. 375).

Hay que señalar que la DNUDPI aún es una aspiración para muchos pueblos indígenas en el mundo, que reclaman su adopción o bien su cumplimiento. Esta declaración es actualmente la hoja de ruta para el cumplimiento de los derechos humanos individuales y colectivos de las poblaciones indígenas. Estados Unidos no la firmó. Canadá, por su parte, en el proceso de reconciliación por los crímenes cometidos contra las primeras naciones, la suscribió recientemente y está en vías de implementarla.

En México, la Declaración ha servido para ampliar algunos derechos de la población indígena a través de procesos de armonización legislativa, pero también como una guía de acción en el ámbito jurisdiccional, ya que la Suprema Corte de Justicia de la Nación y el Tribunal Electoral del Poder Judicial de la Federación, particularmente en temas vinculados al derecho a la consulta y al consentimiento libre, previo e informado y al conjunto de derechos culturales de los pueblos indígenas, han tomado como parámetro lo previsto en dicho instrumento.

1.3.5. Sistema Interamericano de Derechos Humanos

El Sistema Interamericano surgió después de los seis Congresos Hispanoamericanos. Posteriormente se dieron las Conferencias Internacionales Americanas y la Unión Panamericana, a raíz de la cual, en la IX Conferencia Internacional Americana celebrada el 30 de abril de 1948 en Bogotá, Colombia, se adoptaron instrumentos fundamentales del sistema interamericano, como la Carta de la Organización de los Estados Americanos.

Entre las Conferencias Internacionales Americanas se identifican diversas resoluciones que promovían los derechos de los indígenas como descendientes de los primeros pobladores de las Tierras Americanas, como la Octava Conferencia Americana, celebrada en Lima en 1938.

> Entre 1977 y 1988, la Asamblea General de la Organización de los Estados Americanos (OEA) adoptó resoluciones respecto a la puesta en marcha del llamado Plan Quinquenal de Acción Indigenista Interamericana, que buscaba analizar y sugerir soluciones para los problemas culturales, políticos, sociales y económicos que afectan en forma negativa la vida y el progreso de las colectividades nativas, limitando su participación en el progreso general de desarrollo (OEA, 2013, p. 27).

Al abordar los derechos de los pueblos indígenas en el Sistema Interamericano, se han tomado en consideración la Convención Americana y la DNUDPI, así como otros instrumentos o tratados del Sistema de la ONU, según la temática que se aborde. Ello ha permitido que la Corte Interamericana de Derechos Humanos (Corte IDH) haya emitido sentencias que retoman la DNUDPI para ampliar los derechos de los pueblos indígenas a la libre determinación y la autonomía respecto a sus tierras y territorios, recursos naturales, derecho a la consulta y derechos político-electorales.

En el caso de México, la Corte IDH ha emitido sentencias en diversos temas que han tenido un impacto en nuestro marco jurídico, pero también en políticas institucionales en diversas materias. En el tema de pueblos y comunidades indígenas y su derecho al desarrollo, la Corte Interamericana no ha emitido ninguna sentencia al Estado mexicano; no obstante, los criterios de derechos colectivos sobre tierras y recursos naturales que el sistema de justicia mexicano ha adoptado de la Corte son resultado de sentencias relevantes, como *Saramaka vs Surinam*[1] o

---

1 La Sentencia de fecha 12 de agosto de 2008, se refiere a la responsabilidad internacional del Estado de Surinam por no haber adoptado medidas efectivas que reconozcan el derecho de propiedad comunal del pueblo Saramaka, así como la falta de recursos adecuados y efectivos para cuestionar dicha situación.

Sarayaku vs Ecuador[2], en las que se han determinado los parámetros de protección de tales bienes y derechos colectivos.

1.4. LOS DERECHOS DE LOS PUEBLOS Y COMUNIDADES INDÍGENAS EN EL ÁMBITO NACIONAL

Los derechos de los pueblos indígenas en México se han ampliado por dos vías: la de la legislación (cuya base ha sido principalmente el Convenio 169 de la OIT sobre Pueblos Indígenas y Tribales en Países Independientes, que sigue siendo el instrumento que mayor impacto ha tenido) y la jurisdiccional (la Suprema Corte de Justicia de la Nación ha abordado ampliamente el reconocimiento de los derechos de los pueblos y comunidades indígenas, tomando como base los tratados e instrumentos internacionales, así como los criterios y jurisprudencia de la Comisión Interamericana de Derechos Humanos y la Corte IDH).

Existen otros procesos importantes como la creación del Instituto Nacional Indigenista (INI), la firma y ratificación del Convenio 169 de la OIT sobre Pueblos indígenas y Tribales en Países Independientes, la reforma al artículo 4º de la Constitución Federal en 1992, la discusión posterior al levantamiento armado del Ejercito Zapatista en Chiapas en 1994, la reforma constitucional de 2001, la creación de la Comisión Nacional para el Desarrollo de los Pueblos Indígenas en 2003, la firma de la Declaración de las Naciones Unidas sobre los Derechos de los Pueblos Indígenas en 2007, la reforma constitucional en materia de derechos humanos de 2011, la Declaración Americana sobre los Derechos de los Pueblos Indígenas y, la más reciente, la Ley de Creación del Instituto Nacional de los Pueblos Indígenas.

---

[2] El 27 de junio de 2012, la CorteIDH declaró, por unanimidad, que el Estado del Ecuador era responsable por la violación de los derechos a la consulta, a la propiedad comunal indígena y a la identidad cultural, en perjuicio del Pueblo Indígena Kichwa de Sarayaku, por haber permitido que una empresa petrolera privada realizara actividades de exploración petrolera en su territorio, desde finales de la década de los años 1990, sin haberle consultado previamente.

En este apartado se abordarán lo que consideramos los tres principales momentos para el avance de los derechos de los pueblos, comunidades y personas indígenas.

1.4.1. Acuerdos de San Andrés Larráinzar sobre derechos y cultura indígena

Uno de los momentos políticos más relevantes en el tema indígena, que resonó en todo el mundo, fue cuando en 1994 el EZLN colocó en la agenda nacional la discusión sobre las aspiraciones de libre determinación y autonomía de los pueblos y comunidades indígenas de Chiapas y de México.

Los Acuerdos de San Andrés Larráinzar se establecieron en el marco de los Diálogos para la Paz con Justicia y Dignidad, entre la Comisión de Concordia y Pacificación (Cocopa), la dirigencia del EZLN y una representación gubernamental. Tuvieron lugar en 1996 en el municipio de San Andrés Larráinzar, dos años después del levantamiento del EZLN, y han quedado como un proceso histórico y una hoja de ruta para un proceso constante de armonización legislativa.

> Cuando la comandancia del Ejército Zapatista decidió firmar los Acuerdos de San Andrés, derivados de la primera mesa de diálogo con los gobiernos federal y de Chiapas, cuyo propósito anunciado era alcanzar una paz justa y digna, lo hizo después de una amplia consulta con sus bases (López Bárcenas, 2016, p. 2).

En 2001, después de una serie de negociaciones en la Cocopa, se reconocieron derechos autonómicos de los pueblos y comunidades indígenas en el artículo 2º de la Constitución General, y se establecieron obligaciones para los tres órdenes de gobierno a fin de garantizar estos derechos.

A la fecha, líderes, organizaciones y algunos grupos del Congreso Nacional Indígena siguen reclamando a los gobiernos el cumplimiento de los Acuerdos de San Andrés, que según algunos expertos ha quedado como una asignatura pendiente en la Agenda Nacional. Sin embargo, López Bárcenas (2016, p. 3) señala que dichos acuerdos "pueden ser considerados como parte de un largo proceso constituyente del Estado mexicano y de reconstitución de los pueblos indígenas", a la luz de los procesos actuales, en que los pueblos indígenas siguen reclamando por diversas vías el reconocimiento pleno de sus derechos humanos colectivos.

Del análisis de los documentos consistentes en el Acuerdo General y tres documentos adicionales, en los que se plasmaron las propuestas de ambas partes y los acuerdos conjuntos, podemos señalar que no se retomaron todas las propuestas y exigencias del EZLN: quedaron pendientes de reconocer el derecho amplio de libre determinación y autonomía que el Ejército Zapatista ha implementado en los Caracoles, el derecho de participación y de consulta, y los derechos territoriales de los pueblos indígenas, que incluyen la propiedad de los recursos naturales.

1.4.2. Reforma constitucional en materia indígena de 2001

Como ya lo referimos, los planteamientos de los Acuerdos de San Andrés fueron en su mayoría un reflejo del Convenio 169. Así, retomando algunos derechos de los planteados en los Acuerdos de San Andrés, el Gobierno Federal envió al Congreso de la Unión la *Iniciativa con proyecto de Decreto por el que se adicionan un segundo y tercer párrafos al artículo 1°; se reforma en su integridad el artículo 2°; se deroga el párrafo primero del artículo 4°; se adicionan un sexto párrafo al artículo 18 y un último párrafo a la fracción tercera del artículo 115, todos de la Constitución Política de los Estados Unidos Mexicanos.* Una vez que concluyó el proceso legislativo, la reforma fue publicada el 14 de agosto de 2001 en el DOF.

Con esta reforma se incorporó la cláusula antidiscriminación en el artículo 1° de la Constitución Federal; en el artículo 2° se incluyeron dos apartados: el apartado A, con los derechos llamados autonómicos de los pueblos y comunidades indígenas, que pueden ejercer en el marco de la libre determinación y autonomía, con los límites que la propia Constitución establece, y el apartado B, sobre las obligaciones de los tres órdenes de gobierno respecto al establecimiento de políticas públicas y presupuestos para garantizar el desarrollo de los indígenas con la participación de éstos. En materia penal, en el artículo 18 se determinó que los indígenas puedan compurgar las penas en los lugares más cercanos a sus domicilios y en el artículo 115 se incluyó la posibilidad de que las comunidades puedan asociarse entre sí.

Hubo críticas a esta reforma. Muchas siguen resonando en la actualidad, ante el interés de los grupos indígenas de introducir nuevas reformas a la Constitución para ampliar los derechos colectivos. Con todo, tal reforma fue el parteaguas en la transformación de las instituciones y de la administración pública en México para incorporar presupuestos transversales y la atención a la población indígena de una manera amplia o con una mayor oferta institucional.

Con esta reforma, a nivel federal se crearon la Comisión Nacional para el Desarrollo de los Pueblos Indígenas (CDI), el Instituto Nacional de Lenguas Indígenas (INALI), y en diversas dependencias y sus órganos desconcentrados, así como en entidades, se crearon áreas de atención a los pueblos indígenas, además de que el entonces Instituto Federal Electoral (IFE) realizó los primeros trabajos de distritación electoral indígena en 2005.

Con la reforma de 2001 también inició un proceso permanente de armonización legislativa, para el reconocimiento de los pueblos indígenas y sus derechos en las entidades federativas, su identificación en localidades, comunidades y municipios, así como en la determinación del número de hablantes de lenguas indígenas. En 2018, 26 entidades federativas habían armonizado su constitución con base en el artículo 2° de la Constitución Federal.

1.4.3. Reforma constitucional en materia de derechos humanos de 2011

La reforma del 10 de junio de 2011 en materia de derechos humanos abrió nuestro marco jurídico al marco internacional de los derechos humanos, incorporando los más altos estándares internacionales de protección a la Constitución. Con esta reforma, los derechos humanos contenidos en la Constitución y las normas internacionales de derechos humanos contenidas en los diferentes tratados forman parte de nuestro marco jurídico, con los límites que la Suprema Corte de Justicia de la Nación ha establecido en la jurisprudencia del rubro:

> Derechos humanos contenidos en la Constitución y en los tratados internacionales. Constituyen el parámetro de control de regularidad constitucional, pero cuando en la Constitución haya una restricción expresa al ejercicio de aquéllos, se debe estar a lo que establece el texto constitucional. Jurisprudencia P./J. 20/2014, Semanario Judicial de la Federación y su Gaceta, décima época, tomo I, abril de 2014, p. 202.

Asimismo, el *corpus iuris* se nutre de los criterios y de la jurisprudencia emitida por la Corte IDH, respecto de las cuales la SCJN se ha pronunciado en el sentido de que son vinculantes para los jueces siempre que sea más favorable a la persona.

> Jurisprudencia emitida por la Corte Interamericana de Derechos Humanos. Es vinculante para los jueces mexicanos siempre que sea más favorable a la persona. Jurisprudencia P./J. 21/2014, Semanario Judicial de la Federación y su Gaceta, décima época, tomo I, abril de 2014, p. 204.

Asimismo, se deben considerar las recomendaciones de los comités del Sistema de las Naciones Unidas y las observaciones a las Evaluaciones Periódicas Universales, las recomendaciones de la Relatoría Especial de Pueblos Indígenas de la ONU, lo cual constituye una guía de estándares para la protección de los derechos de la población indígena.

Para los pueblos indígenas, la reforma constitucional en materia de derechos humanos ha sido relevante en los procesos de ampliación de los derechos con base en las normas internacionales, en particular con respecto al derecho de libre determinación y autonomía, así como los derechos de participación y de consulta.

Esta reforma, como ya se señaló, reconoció los derechos humanos contenidos en la Constitución y en los tratados internacionales de los que México es parte, esto es, la norma internacional de derechos humanos contenida en los tratados, e impuso la obligación de las autoridades para promover, respetar, proteger y garantizar los derechos humanos de conformidad con los principios de universalidad, interdependencia, indivisibilidad y progresividad. En consecuencia, el Estado, a través de sus instituciones de Gobierno, debe prevenir, investigar, sancionar y reparar las violaciones a los derechos humanos.

En el ámbito jurisdiccional, a partir de esta reforma, la SCJN ha resuelto sendos juicios de amparo en favor de la población indígena, tomando como base el reconocimiento de la competencia de la Corte IDH, y con ello los criterios y jurisprudencias. Es así como el derecho de consulta y de participación, así como los derechos territoriales y de recursos naturales, respecto a los que se ha avanzado en la Corte IDH, han servido para la protección de los derechos humanos colectivos de los pueblos indígenas.

Por ejemplo, por la vía de amparo y siguiendo los criterios y jurisprudencia de la Corte IDH en las sentencias de los casos del pueblo indígena de Saramaka contra el Estado de Surinam y del pueblo indígena de Sarayaku contra el Ecuador, los tribunales federales en México han protegido los derechos territoriales, culturales y espirituales de los pueblos indígenas ante la irrupción del Estado o de empresas privadas que cuentan con concesiones, permisos, licencias o autorizaciones para la explotación de recursos naturales en tierras o territorios indígenas sin la autorización o consentimiento de los pueblos o comunidades para el aprovechamiento de recursos naturales, como la suspensión otorgada al pueblo wixárika (huichol) frente a concesiones mineras en territorios ceremoniales.

En la actualidad existe un robusto cuerpo normativo internacional y nacional que permite sostener una idea distinta del desarrollo para los pueblos indígenas con base en su identidad, un derecho al desarrollo como derecho humano colectivo de los pueblos indígenas. Este marco jurídico nos permite plantear nuevos abordajes de la política pública. Cabe señalar que una de las bases de esta investigación son los derechos humanos, considerando que a partir de la reforma constitucional de 2011, todas las autoridades tienen la obligación de promover, respetar, proteger y garantizarlos, por lo que se debe considerar que a partir de este mandato, y con base en la norma internacional de derechos humanos, el Estado, a través de la administración pública con el enfoque de gobernanza, puede y debería garantizar el desarrollo con identidad de los pueblos indígenas, a efectos de eliminar las condiciones de pobreza en las que actualmente vive dicha población, a pesar de los recursos invertidos en política social desde 1949.

Capítulo 2
Los problemas públicos de la población indígena en México y su definición institucional. Un análisis de sus principales indicadores

En este capítulo se abordarán los principales problemas públicos de la población indígena, que representa más del 10% de la población nacional y actualmente constituye el grupo social con mayores niveles de discriminación, violencia institucional y pobreza.

Con base en la Encuesta Nacional sobre Discriminación 2017 (ENADIS 2017), el 65% de la población encuestada opina que en el país los derechos de las personas indígenas se respetan poco o nada, con lo que alcanza el tercer porcentaje más alto de los grupos de interés sólo después de las personas trans 72% y de las personas gays o lesbianas 66%[3]. De tal manera, la discriminación hacia la población indígena se ha acentuado en la sociedad en los últimos años, tal como se advierte en los resultados de la misma encuesta pero levantada en 2010 (ENADIS 2010), donde el 44.1% de la población encuestada consideró que no se respetaban nada los derechos de la población indígena, y con esa cifra llegó al porcentaje más alto de los grupos de interés.

El Índice de Desarrollo Humano y las recomendaciones del Consejo Nacional de Evaluación de la Política Social (CONEVAL) consignan el nivel de rezago social en el que se encuentra la población indígena. La Ley General de Desarrollo Social prevé:

> Artículo 6.- Son derechos para el desarrollo social la educación, la salud, la alimentación nutritiva y de calidad, la vivienda digna y decorosa, el disfrute de un medio ambiente sano, el trabajo y la seguridad social y los relativos a la no discriminación en los términos de la Constitución Política de los Estados Unidos Mexicanos.

---

[3] Porcentaje de población de 18 años.

En todos los derechos para el desarrollo social, la población indígena y los grupos sociales dentro de cada uno de los pueblos se encuentran en desventaja cuando se les compara con el mismo grupo poblacional no indígena, y en algunos casos, como en mujeres, niñas, niños y adolescentes y personas con discapacidad, las brechas de acceso a los derechos representan retos aún mayores.

Ante ello se plantea la necesidad de articular acciones para que el tema indígena, que ha sido considerado como un asunto público en la agenda nacional, se atienda desde la visión de los pueblos indígenas.

En primer lugar consideramos importante ubicar al lector en materia. ¿De qué hablamos cuando hablamos de pueblos indígenas? ¿Quiénes son los indígenas y dónde se encuentran? ¿Cuál es la situación de los pueblos indígenas? ¿Por qué es importante partir de los principales indicadores?

Como ya se señaló páginas atrás, la cuestión indígena en el mundo ha tenido diversos procesos, uno de los cuales inició por definir un concepto de las primeras poblaciones que habitaron las actuales fronteras nacionales.

Los primeros conceptos partieron de considerar:

> Son comunidades, pueblos y naciones indígenas los que, teniendo una continuidad histórica con las sociedades anteriores a la invasión y precoloniales que se desarrollaron en sus territorios, se consideran distintos de otros sectores de las sociedades que ahora prevalecen en esos territorios o en partes de ellos. Constituyen ahora sectores no dominantes de la sociedad y tienen la determinación de preservar, desarrollar y transmitir a futuras generaciones sus territorios ancestrales y su identidad étnica como base de su existencia continua como pueblo, de acuerdo con sus propios patrones culturales, sus instituciones sociales y sus sistemas legales (Cobo, 1983, p. 54).

En nuestro país, el artículo 2° constitucional reconoce que “la Nación tiene una composición pluricultural sustentada originalmente en sus pueblos indígenas, que son aquellos que descienden de poblaciones que habitaban en el territorio actual del país al iniciarse la colonización y que conservan sus propias instituciones sociales, económicas, culturales y políticas, o parte de ellas”.

El mismo artículo señala que “la conciencia de la identidad indígena debe ser criterio fundamental para determinar a quiénes se aplican las disposiciones sobre pueblos indígenas". Asimismo, define como comunidades indígenas "aquellas que formen una unidad social, económica y cultural, asentadas en un territorio y que reconocen autoridades propias de acuerdo con sus usos y costumbres", es decir, sus sistemas normativos internos.

La Constitución, a partir de 2001, incluye una aproximación a los términos *pueblo y comunidad indígena.* Las discusiones sobre estos conceptos son aún recientes; los primeros documentos que hacían referencia a lo indígena aparecieron, a nivel nacional, en la Ley del Instituto Nacional Indigenista de 1948, que los identificaba como *núcleos indígenas,* **y en el ámbito internacional, en el seno de la OIT el Convenio 107 hace referencia a las** *poblaciones indígenas,* por el hecho de descender de poblaciones que habitaban en el país, o una región geográfica a la que pertenece el país, en la época de la conquista o la colonización, y que, cualquiera que sea su situación jurídica, viven más de acuerdo con las instituciones sociales, económicas y culturales de dicha época que con las instituciones de la nación a la que pertenecen.

Con el Convenio 169 de la OIT, se incorpora por primera vez el término *pueblos indígenas* y se establecen características para su identificación: son, según indica, los que "descienden de poblaciones que habitaban en el país o en una región geográfica a la que pertenece el país en la época de la conquista o la colonización o del establecimiento de las actuales fronteras estatales y que, cualquiera que sea su situación jurídica, conservan sus propias instituciones sociales, económicas, culturales y políticas o parte de ellas".

Así, según los parámetros para la identificación de los sujetos de protección del Convenio 169, basta con que exista:

- continuidad histórica, es decir, que sean sociedades anteriores a la conquista o la colonización;
- conexión territorial: sus ancestros habitaban el país o la región;
- instituciones, ya sean políticas, culturales, económicas o sociales, distintivas (mantienen algunas o todas sus instituciones propias) (OIT, 2009, p.10).

Sin embargo, ningún instrumento define qué es ser indígena o cómo identificamos al sujeto de derechos indígenas. Nos parece importante identificar, qué es la identidad indígena, o qué elementos podemos considerar en la definición de la identidad indígena. Para Gilberto Giménez (1998), que busca resolver la problemática entre la cultura y la identidad, la identidad es inseparable de la cultura, y define a la identidad como:

> El conjunto de repertorios culturales interiorizados, a través de los cuales los actores sociales, individuales o colectivos, demarcan sus fronteras y se distinguen de los demás actores en una situación determinada y todo ello dentro de un espacio históricamente específico y socialmente cultural.

En diversos trabajos se han reconocido elementos que dan identidad de manera individual y colectiva a una persona o pueblo considerado como indígena y que los diferencia del resto de la población. En la bibliografía sobre identidad cultural o sobre temas indígenas se pueden encontrar algunos elementos que se identifican o que conforman la identidad indígena.

Gráfica 1. Elementos de identidad

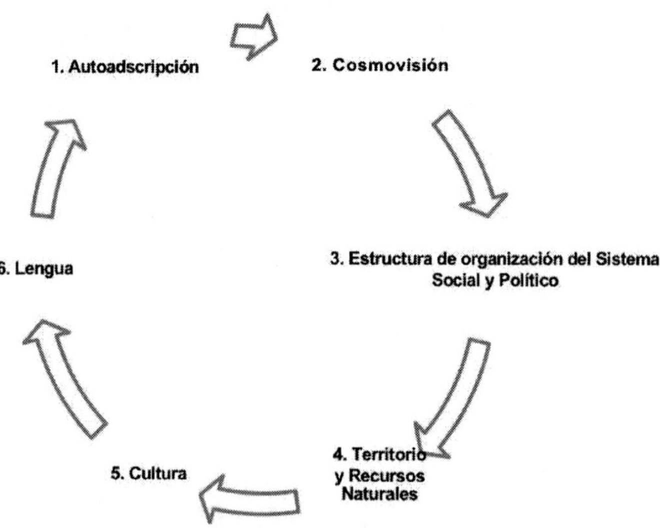

Fuente: artículo 2º CPEUM

En la gráfica anterior, se observa lo siguiente:

- La *autoadscripción* se refiere al origen étnico o la pertenencia étnica, esto es, el pueblo o comunidad indígena a que alguien pertenece o con que se identifica. Cabe señalar que en algunos casos, ante la duda, esta autoadscripción puede ser verificada; a este proceso se le denomina heteroadscripción o autoadscripción calificada, esto es, la confirmación de la comunidad de que esa persona pertenece a la colectividad.
- La *cosmovisión* se refiere a la espiritualidad de los pueblos indígenas, al origen de la vida y a su relación con los elementos naturales, con los sitios o lugares sagrados, así como con sus deidades. En muchos pueblos indígenas prevalece el sincretismo religioso en las celebraciones y evocaciones ceremoniales.
- La *estructura de organización del sistema social y político* permite el mantenimiento de la comunidad; en ella los pueblos y comunidades se dan sus propias autoridades, mantienen el orden y la paz y cumplen con las responsabilidades para el mantenimiento de las prácticas que nutren la vida en comunidad. Esta estructura permite también impartir justicia comunitaria, mantener las expresiones culturales en las comunidades y elegir a sus propias autoridades con base en los sistemas normativos electorales internos.
- *El territorio y los recursos naturales* constituyen los elementos fundamentales para los pueblos indígenas en su relación con la madre tierra y con los elementos de la naturaleza, así como en su relación espiritual con estos elementos y los animales, las plantas y los minerales. Cabe señalar que es en este espacio territorial donde también se mantienen y se reproducen los elementos naturales vinculados a los conocimientos tradicionales de los pueblos indígenas asociados a recursos genéticos y a expresiones culturales.
- La *cultura* a través de distintas expresiones, como las danzas, la música, la literatura, las fiestas tradicionales, la vestimenta tradicional o las celebraciones comunitarias que permiten mantener las prácticas culturales que cohesionan la vida en comunidad.

- La *lengua,* como elemento de identidad, permite identificar a qué grupo social se pertenece, incluyendo la variante lingüística, pero también como transmisora de conocimiento y de expresiones culturales, lo que genera un vínculo comunitario.

Los pueblos indígenas son un grupo social y cultural distinto del resto de la población. Descienden de las primeras poblaciones de las que se tenga registro antes de los procesos de conquista; lograron sobrevivir al proceso de colonización y en la actualidad algunas siguen conservando su lengua propia, sus prácticas ancestrales vinculadas a la religión y la cultura, y sus sistemas normativos y de cargos. Asimismo, los pueblos indígenas, en su mayoría, siguen viviendo en sus territorios ancestrales, y conservando y aprovechando los recursos naturales que ahí existen.

En la actualidad, y debido a diversos fenómenos, como la discriminación, la migración, los desplazamientos internos forzados (por violencia o megaproyectos), la pérdida de lengua o de territorios, no necesariamente encontraremos todos los elementos de identidad en una colectividad. Ello no significa que se deje de ser indígena; por ejemplo, los indígenas que habitan en zonas urbanas. En estos casos se debe considerar siempre la autoadscripción.

De acuerdo con el Censo de Población y Vivienda 2020, 7.3 millones de personas de 3 años de edad o más hablan una lengua indígena (INEGI, Censo 2020), de las 68 que se encuentran oficialmente reconocidas a nivel nacional. Sin embargo, en 2015, en la Encuesta Intercensal, la población indígena por autoadscripción fue de 25.6 millones. Es decir, las personas que se consideran indígenas aún cuando no necesariamente viven en una región indígena o no hablan la lengua, pero conservan algún elemento de identidad que les da pertenencia étnica o indígena.

En el Consenso de Montevideo sobre Población y Desarrollo 2013, convocado por la Comisión Económica para América Latina y el Caribe (CEPAL), los países de América Latina y el Caribe acordaron "considerar las dinámicas demográficas particulares de los pueblos indígenas en el diseño de las políticas públicas, respetando el derecho a la libre determinación" (CEPAL, 2013, p. 29).

En México no se ha logrado abatir los principales indicadores de rezago en la población indígena. Apenas hace 30 años que se establecieron los procedimientos para la obtención de datos específicos de la población indígena, y hace 24 años que se empezaron a medir sólo algunos aspectos del impacto que tienen las políticas públicas en dicha población.

Las mediciones de pobreza arrojan que "en los municipios cuyo porcentaje de población indígena es bajo, tienden a alcanzar mayores niveles de Índice de Desarrollo Humano de la Población Indígena (IDH-PI) (PNUD, 2010) mientras que, conforme aumenta la proporción de población indígena, dicho indicador disminuye" (p. 15).

> El IDH sintetiza el avance promedio de tres aspectos básicos del desarrollo humano: una vida larga y saludable, educación y un nivel de vida digno. Las variables que utiliza PNUD para medir cada una de estas dimensiones son: la esperanza de vida al nacer, la tasa de alfabetismo y matriculación escolar, y el ingreso per cápita ajustado por la paridad de poder comprar (p. 31).

El IDH, refleja las enormes disparidades entre la población indígena y la no indígena como resultado de altos niveles históricos de pobreza, que "ha sido objeto de rezagos ancestrales, marginación y discriminación étnico-racial. Cuando se habla de indigenismo se habla también de pobreza y exclusión" (p. 53).

La medición de la pobreza y la implementación de acciones para mitigarla ha sido un largo proceso histórico de políticas públicas que se han diseñado desde los espacios centrales institucionales. Es la respuesta que todavía en la actualidad ha dado la administración pública a la atención de los problemas sociales de la población indígena. A esto hace referencia el Banco Mundial al considerar:

> Si bien hoy existe una correlación irrefutable entre la condición de miembro de un grupo indígena y las privaciones socioeconómicas, se debe enfatizar que representar a los pueblos indígenas como invariablemente pobres, es en parte producto del uso de indicadores del bienestar predominantemente occidentales. Estos indicadores reflejan patrones y preferencias culturales, formas de organización social y cosmovisiones que podrían ser diferentes a los que tienen los pueblos indígenas, tales como el acceso a servicios de saneamiento, salud, educación y electricidad, o ingresos *per capita* derivados de actividades económicas oficialmente reconocidas. Estos indicadores no reflejan la realidad en los contextos indígenas (Banco Mundial, 2015, p. 46).

En nuestro país, el mandato constitucional que sirve de base para la planeación nacional del desarrollo se encuentra previsto en el artículo 26, apartado A.

> **Artículo 26.**
> **A.** El Estado organizará un sistema de planeación democrática del desarrollo nacional que imprima solidez, dinamismo, competitividad, permanencia y equidad al crecimiento de la economía para la independencia y la democratización política, social y cultural de la nación.
> Los fines del proyecto nacional contenidos en esta Constitución determinarán los objetivos de la planeación. La planeación será democrática y deliberativa. Mediante los mecanismos de participación que establezca la ley, recogerá las aspiraciones y demandas de la sociedad para incorporarlas al plan y los programas de desarrollo. Habrá un plan nacional de desarrollo al que se sujetarán obligatoriamente los programas de la Administración Pública Federal.
> La ley facultará al Ejecutivo para que establezca los procedimientos de participación y consulta popular en el sistema nacional de planeación democrática, y los criterios para la formulación, instrumentación, control y evaluación del plan y los programas de desarrollo. Asimismo, determinará los órganos responsables del proceso de planeación y las bases para que el Ejecutivo Federal coordine mediante convenios con los gobiernos de las entidades federativas e induzca y concierte con los particulares las acciones a realizar para su elaboración y ejecución. El plan nacional de desarrollo considerará la continuidad y adaptaciones necesarias de la política nacional para el desarrollo industrial, con vertientes sectoriales y regionales.
> En el sistema de planeación democrática y deliberativa, el Congreso de la Unión tendrá la intervención que señale la ley.

A ello se suma la previsión contenida en el artículo 2°, apartado B, fracción IX de la propia Constitución, relativa a la obligación de los tres órdenes de gobierno para que en este proceso de planeación se consulte a los pueblos indígenas.

El Sistema Nacional de Planeación Democrática es el "conjunto de relaciones funcionales que se establecen entre dependencias, entidades del Gobierno Federal, autoridades estatales, municipales y la estructura social de la población (Schiaffini, 2006, p. 81).

En éste marco del Sistema Nacional de Planeación Democrática se desdibuja la cuestión indígena, toda vez que el artículo 2° constitucional, apartado B, fracción IX, establece la limitante para incluir las aspiraciones de la población indígena en dicho Sistema Nacional, al señalar: "y, en su caso, incorporar las recomendaciones y propuestas que realicen". Esto ha limitado las propuestas indígenas en el marco del Plan Nacional, a lo que se suma el corto periodo de tiempo para la elaboración y publicación del Plan Nacional de Desarrollo hasta los impactos jurídicos y presupuestales de las necesidades y aspiraciones de la población indígena.

El Sistema Nacional de Planeación Democrática debe constituir un mecanismo para garantizar los derechos económicos, sociales y culturales de la población indígena, ya que, a la fecha, la diversidad y las aspiraciones de esta población no se han visto reflejadas en la planeación nacional del desarrollo.

Se debe transitar hacia políticas públicas, con enfoque en derechos humanos, que se originen desde la necesidad de las personas y no desde los planes de gobierno.

2.1. SISTEMA NACIONAL DE PLANEACIÓN DEMOCRÁTICA

En la proclamación del Tercer Decenio de las Naciones Unidas para el Desarrollo, mediante Resolución A/RES/35/56, de fecha 5 de diciembre de 1980, se aprobó la Estrategia Internacional del Desarrollo para el Tercer Decenio de las Naciones Unidas para el Desarrollo, en cuyo preámbulo se estableció que dicha estrategia, dirigida a la consecución de los objetivos planteados, forma parte integral de los esfuerzos permanentes de la comunidad internacional por acelerar el desarrollo de los países que aún están en vías de alcanzarlo y establecer un nuevo orden económico internacional.

En el apartado referente al desarrollo social se plantea que cada país determinará y aplicará libremente políticas adecuadas para el desarrollo social en el marco de sus planes y prioridades de desarrollo y de conformidad con su identidad cultural, su estructura socioeconómica y su etapa de desarrollo.

No debemos dejar de ver el desarrollo social como un medio para el cumplimiento de los derechos humanos, y todos estos mecanismos, documentos y avances en el ámbito internacional tienen un impacto en los gobiernos y en sus administraciones públicas.

La Ley de Planeación constituye el marco normativo para la planeación; la instituye y adapta su ejecución a las necesidades del desarrollo nacional, como un ordenamiento del ejercicio de las atribuciones que la Constitución y las leyes otorgan al Estado como rector del desarrollo, para regular y promover la vida económica, social, política y cultural del país, e intervenir en ella para asegurar el cumplimiento de los grandes propósitos nacionales.

En el artículo 1° de la Ley de Planeación se define el objeto y en el artículo 12 se establece el Sistema Nacional de Planeación Democrática, como veremos en el siguiente cuadro:

Cuadro 2. Reformas a la Ley de Planeación

Ley de Planeación del 05/01/1983	Última reforma, del 16/02/2018
Artículo 1. Las disposiciones de esta Ley son de orden público e interés social y tienen por objeto establecer:	Artículo 1o.- Las disposiciones de esta Ley son de orden público e interés social y tienen por objeto establecer:
I.- Las normas y principios básicos conforme a los cuales se llevará a cabo la planeación nacional del desarrollo y encauzar, en función de ésta, las actividades de la Administración Pública Federal.	I.- Las normas y principios básicos conforme a los cuales se llevará a cabo la Planeación Nacional del Desarrollo y encauzar, en función de ésta, las actividades de la administración Pública Federal;
II.- Las bases de integración y funcionamiento del Sistema Nacional de Planeación Democrática.	II.- Las bases de integración y funcionamiento del Sistema Nacional de Planeación Democrática;
III.- Las bases para que el Ejecutivo Federal coordine sus actividades de planeación con las de las entidades federativas, conforme a la legislación aplicable;	III.- Las bases para que el Ejecutivo Federal coordine las actividades de planeación de la Administración Pública Federal, así como la participación, en su caso, mediante convenio, de los órganos constitucionales autónomos y los gobiernos de las entidades federativas, conforme a la legislación aplicable; *Fracción reformada DOF 16-02-2018*
	IV.- Los órganos responsables del proceso de planeación; *Fracción adicionada DOF 16-02-2018*

Ley de Planeación del 05/01/1983	Última reforma, del 16/02/2018
IV.- Las bases para promover y garantizar la participación democrática de los diversos grupos sociales, a través de sus organizaciones representativas, en la elaboración del Plan y los programas a que se refiere esta Ley; y	V.- Las bases de participación y consulta a la sociedad, incluyendo a los pueblos y comunidades indígenas, a través de sus representantes y autoridades, en la elaboración del Plan y los programas a que se refiere esta Ley, y *Fracción reformada DOF 13-06-2003.* *Reformada y recorrida DOF 16-02-2018*
V.- Las bases para que las acciones de los particulares contribuyan a alcanzar los objetivos y prioridades del Plan y los programas.	VI.- Las bases para que el Ejecutivo Federal concierte con los particulares las acciones a realizar para la elaboración y ejecución del Plan y los programas a que se refiere esta Ley.
Artículo 2. La planeación deberá llevarse a cabo como un medio para el eficaz desempeño de la responsabilidad del Estado sobre el desarrollo integral del país y deberá tender a la consecución de los fines y objetivos políticos, sociales, culturales y económicos contenidos en la Constitución Política de los Estados Unidos Mexicanos. Para ello, estará basada en los siguientes principios:	Artículo 2o.- La planeación deberá llevarse a cabo como un medio para el eficaz desempeño de la responsabilidad del Estado sobre el desarrollo equitativo, incluyente, integral, sustentable y sostenible del país, con perspectiva de interculturalidad y de género, y deberá tender a la consecución de los fines y objetivos políticos, sociales, culturales, ambientales y económicos contenidos en la Constitución Política de los Estados Unidos Mexicanos. Para ello, estará basada en los siguientes principios: *Párrafo reformado DOF 23-05-2002, 16-02-2018*
I.- El fortalecimiento de la soberanía, la independencia y la autodeterminación nacionales, en lo político, lo económico y lo cultural;	I.- El fortalecimiento de la soberanía, la independencia y autodeterminación nacionales, en lo político, lo económico y lo cultural;
II.- La preservación y el perfeccionamiento del régimen democrático, republicano, federal y representativo que la Constitución establece; y la consolidación de la democracia como sistema de vida, fundado en el constante mejoramiento económico, social y cultural del pueblo, impulsando su participación activa en la planeación y ejecución de las actividades del gobierno;	II.- La preservación y el perfeccionamiento del régimen representativo, democrático, laico y federal que la Constitución establece; y la consolidación de la democracia como sistema de vida, fundado en el constante mejoramiento económico, social y cultural del pueblo en un medio ambiente sano; *Fracción reformada DOF 16-02-2018*
III.- La igualdad de derechos, la atención de las necesidades básicas de la población y la mejoría, en todos los aspectos, de la calidad de la vida, para lograr una sociedad más igualitaria;	III.- La igualdad de derechos entre las personas, la no discriminación, la atención de las necesidades básicas de la población y la mejoría, en todos los aspectos de la calidad de la vida, para lograr una sociedad más igualitaria, garantizando un ambiente adecuado para el desarrollo de la población; *Fracción reformada DOF 23-05-2002, 20-06-2011, 16-02-2018*

Ley de Planeación del 05/01/1983	Última reforma, del 16/02/2018
IV.- El respeto irrestricto de las garantías individuales, y de las libertades y derechos sociales y políticos;	IV.- Las obligaciones del Estado de promover, respetar, proteger y garantizar los derechos humanos reconocidos en la Constitución y en los tratados internacionales de los que el Estado Mexicano sea parte; *Fracción reformada DOF 27-01-2012, 16-02-2018*
V.- El fortalecimiento del pacto federal y del municipio libre, para lograr un desarrollo equilibrado del país, promoviendo la descentralización de la vida nacional; y	V.- El fortalecimiento del pacto federal y del Municipio libre, para lograr un desarrollo equilibrado del país, promoviendo la descentralización de la vida nacional; *Fracción reformada DOF 20-06-2011*
VI.- El equilibrio de los factores de la producción que proteja y promueva el empleo, en un marco de estabilidad económica y social.	VI.- El equilibrio de los factores de la producción, que proteja y promueva el empleo, en un marco de estabilidad económica y social; *Fracción reformada DOF 20-06-2011, 27-01-2012*
	VII.- La perspectiva de género, para garantizar la igualdad de oportunidades entre mujeres y hombres, y promover el adelanto de las mujeres mediante el acceso equitativo a los bienes, recursos y beneficios del desarrollo, y *Fracción adicionada DOF 20-06-2011. Reformada DOF 27-01-2012*
	VIII.- La factibilidad cultural de las políticas públicas nacionales. *Fracción adicionada DOF 27-01-2012*
CAPÍTULO SEGUNDO Sistema Nacional de Planeación Democrática	CAPÍTULO SEGUNDO Sistema Nacional de Planeación Democrática
Artículo 12. Los aspectos de la planeación nacional del desarrollo que correspondan a las dependencias y entidades de la Administración Pública Federal se llevarán a cabo, en los términos de esta Ley, mediante el Sistema Nacional de Planeación Democrática.	Artículo 12.- Los aspectos de la Planeación Nacional del Desarrollo que correspondan a las dependencias y entidades de la Administración Pública Federal se llevarán a cabo, en los términos de esta Ley, mediante el Sistema Nacional de Planeación Democrática.
Las dependencias y entidades de la Administración Pública Federal formarán parte del Sistema, a través de las unidades administrativas que tengan asignadas las funciones de planeación dentro de las propias dependencias y entidades.	Las dependencias y entidades de la Administración Pública Federal formarán parte del Sistema, a través de las unidades administrativas que tengan asignadas las funciones de planeación dentro de las propias dependencias y entidades.

Fuente: Elaborada por la autora con base en información de la Cámara de Diputados

La Ley de Planeación establece los principios que rigen la planeación nacional del desarrollo. Como veremos más adelante, la norma internacional de derechos humanos y el marco jurídico nacional que garantiza el desarrollo con identidad de los pueblos indígenas no está armonizado.

Con base en este marco normativo surgió el Sistema Nacional de Planeación Democrática que establece el artículo 26, apartado A, de la Constitución Federal, en el que convergen, o deberían converger, los distintos actores y la pluriculturalidad de la nación mexicana. Sin embargo, la principal limitante del sistema es que únicamente involucra al Ejecutivo en su elaboración, implementación y seguimiento.

Gráfica 2. Funcionamiento del Sistema Nacional de Planeación Democrática

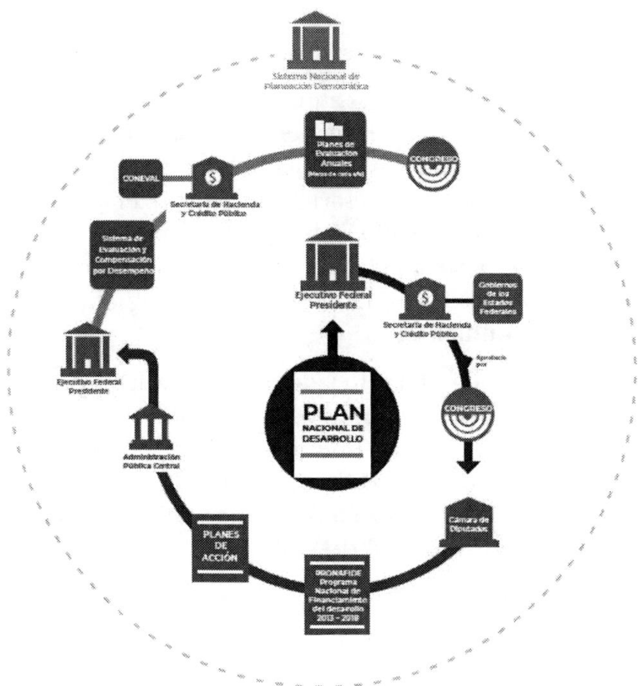

Fuente: Observatorio Regional de Planificación para el Desarrollo de América Latina y el Caribe, CEPAL

Formulación, que corresponde al Ejecutivo Federal, a través de la Secretaría de Hacienda y Crédito Público, para luego pasar a la Cámara de Diputados, tal como lo prevé el artículo 5 de la Ley de Planeación.

Implementación, en la que se elaboran los instrumentos de planeación que prevé la propia Ley en su artículo 9, los programas sectoriales, regionales, especiales e institucionales.

Monitoreo y Evaluación, proceso que la Ley prevé en sus artículos 8 y 18.

2.1.1. Planeación para el desarrollo y pueblos y comunidades indígenas

En las reformas de los años 2002, 2003 y 2018 a los artículos 1° fracción V, 6, 14 fracciones II y III, 16 fracción III, 20, 2° bis, 31 y 37 de la Ley de Planeación, se buscó incorporar en la práctica la participación de la población indígena en la planeación. De manera particular, el artículo 16 fracción II prevé para las dependencias de la Administración Pública Federal la obligación de elaborar los programas sectoriales, considerando las propuestas que, en su caso, presenten las entidades del sector, los órganos constitucionalmente autónomos y los gobiernos de las entidades federativas, así como las que deriven de los ejercicios de participación social y de los pueblos y comunidades indígenas interesados.

El artículo 20 prevé que en el ámbito del Sistema Nacional de Planeación Democrática las comunidades indígenas deberán ser consultadas y podrán participar en la definición de los programas federales que afecten directamente el desarrollo de sus pueblos y comunidades, mientras que en el artículo 20 bis se establece que en los asuntos relacionados con el ***ámbito indígena,*** el Ejecutivo Federal consultará, de forma previa, a las comunidades indígenas, para que éstas emitan la opinión correspondiente.

Para conocer cómo se ha reflejado el tema indígena en los Planes Nacionales de Desarrollo (PND) posteriores a la Reforma Constitucional de 2001, veremos las visiones que se incorporaron en los cuatro planes nacionales de desarrollo de igual número de sexenios, que van de 2001 posterior a la reforma constitucional, al que actualmente se implementa, que inició en 2019.

- **Plan Nacional de Desarrollo 2001-2006**

En este plan se establecen tres áreas prioritarias: el Área de Desarrollo Social y Humano, el Área de Crecimiento con Calidad y el Área de Orden y Respeto, además del apartado de Compromisos con México. A la población indígena se la ubica como un grupo social marginado y como grupo vulnerable, y la temática indígena se incluye en el mismo apartado que a las personas con discapacidad.

En el Área de Desarrollo Social y Humano, en el apartado denominado "Los grupos sociales marginados" se establece: "Existen individuos y familias que se encuentran en condiciones de mayor desventaja y que resultan más vulnerables en el proceso de desarrollo, como los indígenas y las personas con algún tipo de discapacidad" (p. 77).

El objetivo rector 2 ("acrecentar la equidad y la igualdad de oportunidades") y la estrategia g ("propiciar la participación directa de los pueblos indígenas en el desarrollo nacional y combatir los rezagos y las causas estructurales de su marginación con pleno respeto a sus usos y costumbres") establece que se apoyará el proceso de desarrollo integral indígena dentro del contexto nacional creando las condiciones para lograr una comunicación e interacción efectiva con diversos sectores de la sociedad, además de establecer programas gubernamentales de gran trascendencia que combatan los problemas estructurales que han obstaculizado o limitado el desarrollo de los pueblos indígenas, con el propósito de mejorar su nivel de vida (p. 86).

En el Área de Crecimiento con Calidad, objetivo 6.3.3., desarrollo incluyente, se establece como estrategia d) "ampliar las oportunidades para la creación y desarrollo de proyectos productivos que beneficien directamente a los grupos vulnerables de las comunidades indígenas", y se plantea como prioritario "impulsar el desarrollo de microempresas y proyectos productivos, por medio de mecanismos como microfinanciamiento, simplificación de trámites administrativos, capacitación y asesoría en las comunidades indígenas" (p. 118).

- **Plan Nacional de Desarrollo 2007-2012**

Este plan considera cinco ejes de desarrollo: Estado de derecho y seguridad; economía competitiva y generadora de empleos; igualdad de oportunidades; sustentabilidad ambiental y democracia efectiva y política exterior responsable.

La población indígena se incorpora en el eje 3, igualdad de oportunidades, y en diversos objetivos y estrategias. Incluye un apartado especial denominado "Grupos prioritarios", numeral 3.4., Pueblos y comunidades indígenas (p. 199), en el que a la vez se incluye un diagnóstico de la situación de la población indígena por cada uno de los problemas identificados en relación con su desarrollo económico, desarrollo social y humano, infraestructura básica, red de comunicaciones, desarrollo cultural y derechos indígenas.

Se establece que el combate al rezago social de los pueblos y las comunidades indígenas representa una de las áreas de política pública de mayor relevancia para el desarrollo armónico de México, con un enfoque de políticas públicas con perspectiva integral de desarrollo humano sustentable para incrementar las capacidades de los pueblos y las comunidades indígenas, e incidir en un círculo virtuoso de cambio sostenido no sólo por la acción gubernamental, sino también por su propia iniciativa.

En este plan se establece el objetivo 15, "incorporar plenamente a los pueblos y a las comunidades indígenas al desarrollo económico, social y cultural del país con respeto a sus tradiciones históricas y enriqueciendo con su patrimonio cultural a toda la sociedad" (p. 206), para el cual se definen siete estrategias:

- **ESTRATEGIA 15.1** Constituir la atención a los indígenas en un objetivo estratégico transversal para toda la Administración Pública Federal.
- **ESTRATEGIA 15.2** Consolidar los mecanismos de coordinación entre el Gobierno Federal, los gobiernos estatales y municipales, las autoridades y las organizaciones indígenas en el diseño y operación de los programas dirigidos al desarrollo de los pueblos y comunidades indígenas.
- **ESTRATEGIA 15.3** Fomentar el aprovechamiento del excepcional patrimonio cultural y natural de los pueblos indígenas para promover su desarrollo económico.
- **ESTRATEGIA 15.4** Focalizar acciones e instrumentar programas a efecto de abatir los principales rezagos sociales que tiene la población indígena con respecto al resto de la sociedad: alimentación, salud y educación.
- **ESTRATEGIA 15.5** Fortalecer sustancialmente la infraestructura básica en las regiones indígenas.
- **ESTRATEGIA 15.6** Garantizar el acceso pleno de los pueblos y comunidades indígenas a la jurisdicción del Estado.
- **ESTRATEGIA 15.7** Promover y apoyar las manifestaciones de las culturas indígenas, así como su estudio, difusión y divulgación.

- **Plan Nacional de Desarrollo 2013-2018**

Este plan incluye cinco ejes (México en paz, México incluyente, México con educación de calidad, México próspero y México con responsabilidad global) e incorpora estrategias y líneas de acción transversales para cada uno de ellos.

En el diagnóstico previo, la población indígena se visualiza como objeto de la política social y se ve al indígena o a lo indígena como grupo en situación de vulnerabilidad. En la presentación se señala que el Plan explica las estrategias para lograr un México incluyente, en el que se enfrente y supere el hambre para revertir la pobreza.

Asimismo, en dicho diagnóstico se señala que persisten altos niveles de exclusión, privación de derechos sociales y desigualdad entre personas y regiones de nuestro país, y que el 10.4% de la población nacional se encuentra en pobreza extrema, esto es, carece del ingreso mínimo necesario para adquirir una canasta alimentaria, además de no poder ejercer tres o más derechos sociales.

De igual manera, en este plan se advierte, con base en las estadísticas del CONEVAL, que en 40% de los municipios del país el porcentaje de la población en situación de pobreza era mayor al 75%. Destaca que la mayoría de éstos son municipios pequeños, en localidades rurales y con altos porcentajes de población de habla indígena, y que en tan sólo 190 municipios del país se concentra la mitad de la población en situación de pobreza extrema.

En este plan, en el objetivo 2.2., "transitar hacia una sociedad equitativa e incluyente", la población indígena se identifica como un grupo vulnerable junto con las personas con alguna discapacidad. La población indígena se incluye de manera particular en la estrategia 2.2.3., "fomentar el bienestar de los pueblos y comunidades indígenas, fortaleciendo su proceso de desarrollo social y económico, respetando las manifestaciones de su cultura y el ejercicio de sus derechos" (p. 116), con las siguientes líneas de acción:

- Desarrollar mecanismos para que la acción pública dirigida a la atención de la población indígena sea culturalmente pertinente.

- Impulsar la armonización del marco jurídico nacional en materia de derechos indígenas, así como el reconocimiento y protección de su patrimonio y riqueza cultural, con el objetivo de asegurar el ejercicio de los derechos de las comunidades y pueblos indígenas.
- Fomentar la participación de las comunidades y pueblos indígenas en la planeación y gestión de su propio desarrollo comunitario, asegurando el respeto a sus derechos y formas de vida.
- Promover el desarrollo económico de los pueblos y comunidades indígenas, a través de la implementación de acciones orientadas a la capacitación, el desarrollo de proyectos productivos y la comercialización de los productos generados, en línea con su cultura y valores.
- Asegurar el ejercicio de los derechos de los pueblos y comunidades indígenas en materia de alimentación, salud, educación e infraestructura básica.
- Impulsar políticas para el aprovechamiento sustentable y sostenible de los recursos naturales existentes en las regiones indígenas y para la conservación del medio ambiente y la biodiversidad, aprovechando sus conocimientos tradicionales.
- Impulsar acciones que garanticen los derechos humanos y condiciones de seguridad de los grupos indígenas que realizan migraciones temporales en el territorio nacional.

- **Plan Nacional de Desarrollo 2019-2024**

Este plan considera tres ejes: política y gobierno, política social y economía. Asimismo, ofrece un epílogo con la visión para 2024. El Plan ubica a la población indígena nuevamente como objeto de la política social y como grupo importante cuyos derechos deben reconocerse.

En el apartado de política y gobierno se establece que el "Gobierno Federal reconocerá y respetará las atribuciones y facultades que el marco legal del país otorga a las comunidades indígenas y a sus instancias de decisión" (p. 19).

> El quehacer gubernamental impulsará la igualdad como principio rector: la igualdad efectiva de derechos entre mujeres y hombres, entre indígenas y mestizos, entre jóvenes y adultos, y se compromete en la erradicación de las prácticas discriminatorias que han perpetuado la opresión de sectores poblacionales enteros (p. 38).

En ese mismo apartado de política social se incluye a la población indígena en la mayoría de los programas, en algunos incluso como población prioritaria. En el apartado de economía se identifica a la población indígena como sujeto de consulta y beneficiaria de proyectos de infraestructura como el Tren Maya y el Programa para el Desarrollo del Istmo de Tehuantepec. En lo referente a la autosuficiencia alimentaria y el rescate del campo, se plantea principalmente el Programa Producción para el Bienestar.

Programas especiales para el desarrollo de los pueblos y comunidades indígenas

La razón por la que se abordan los programas especiales para el desarrollo de los pueblos indígenas es que en los planes nacionales el tema es enunciativo, mientras que los programas incluyen las acciones que cada gobierno se ha comprometido a implementar en favor de la población indígena y, en un grado mayor, la visión asistencialista y la visión de los pueblos y comunidades indígenas como objetos de la política social. Ellos son inactivos en el proceso de decisión de las políticas públicas que se definen en estos instrumentos de planeación específicos, y no son sujetos de decisiones acordes a sus necesidades y condiciones de vida o prioridades.

- **Programa Nacional para el Desarrollo de los Pueblos Indígenas 2001-2006**

Con el lema "Estado, pueblos indígenas, sociedad: hacia una nueva relación", el entonces presidente Vicente Fox Quezada, en el mensaje de presentación de dicho programa, señaló que México es una nación pluricultural y pluriétnica y, por tanto, la prioridad de su gobierno era construir una nueva relación entre el Estado, los pueblos indígenas y la sociedad nacional, fundada en el respeto y la asunción de las diferencias. Consideraba que sólo con el desarrollo pleno de los pueblos indígenas sería posible consolidar la democracia de una nación culturalmente plural.

Como grandes retos se plantearon generar conciencia y respeto a la diversidad cultural, equidad e igualdad de oportunidades, participación indígena en la toma de decisiones, articular el crecimiento económico con el desarrollo social, mejorar y hacer transparente el desempeño institucional, reformular las políticas indigenistas, garantizar la atención transversal y diseñar modelos de desarrollo diferenciados.

En el programa se establecieron como objetivos generales:

- Establecer los lineamientos que fundamenten la nueva relación entre el Estado, los pueblos indígenas y la sociedad y que, con base en las demandas y la participación de los pueblos, organizaciones y comunidades indígenas, les otorguen un sentido integral a los programas y acciones que realiza el gobierno en su beneficio.
- Impulsar en forma decidida una mejora en la calidad de vida de los pueblos indígenas, así como el desarrollo sustentable en sus regiones.
- Garantizar el efectivo acceso de los pueblos, comunidades, organizaciones e individuos indígenas a la jurisdicción del Estado en el marco del reconocimiento de su diversidad cultural.
- Impulsar —bajo un sistema de cooperación, una lógica de consenso y un diálogo en la diversidad— los cambios institucionales y jurídicos que promuevan el trabajo conjunto y la suma de capacidades, así como la construcción de espacios formales que sienten las bases de la nueva relación.

- **Programa para el Desarrollo de los Pueblos Indígenas 2009-2012**

Este programa se estructuró con un apartado sobre la misión y la visión, cinco secciones y una matriz de corresponsabilidad. Las secciones son:

- *México. Un país cultural y lingüísticamente diverso con profundos rezagos sociales y económicos.* México es un país pluricultural en el cual existen cuando menos 62 pueblos indígenas. Los pueblos y las comunidades tienen como rasgos comunes el uso de sus propias lenguas indígenas nacionales, que dan sentido de pertenencia a colectivos con valores, culturas y sistemas sociales, políticos y normativos propios, en torno a los cuales organizan su vida y toman sus decisiones (p. 17).

- *Desarrollo con identidad. Prioridades y ejes de la acción pública.*
- *Vinculación con los ejes y objetivos del Plan Nacional de Desarrollo 2007-2012.* El PDPI responde en sus planteamientos a los objetivos y estrategias del PND y establece la manera en que se ha de promover el desarrollo con identidad de los pueblos y comunidades indígenas en el territorio nacional.
- *Objetivos, indicadores y metas.* A fin de evaluar el avance en cada objetivo del PDPI, se incorporan los indicadores y metas para 2012 que dan razón de las temáticas más apremiantes para alcanzar el desarrollo con identidad de los pueblos y comunidades indígenas.
- *Estrategias y líneas de acción.* Para cada objetivo del PDPI se establecen las estrategias y líneas de acción llevadas a cabo por el Gobierno Federal que contribuirán a alcanzar los objetivos y estrategias del PND y de la estrategia Vivir Mejor en materia indígena.

El presidente Felipe Calderón Hinojosa, en el mensaje inicial, manifiesta que las metas planteadas señalan los principales resultados que se obtendrían en beneficio de los pueblos y las comunidades indígenas, para coadyuvar en la cimentación de un México más equitativo y más fuerte en las décadas por venir.

El Programa estableció como fin el desarrollo con identidad de los pueblos y comunidades indígenas de México, y definió cinco ejes de política para lograrlo:

- Eje 1. Derechos indígenas
- Eje 2. Superación de los rezagos y desarrollo con identidad
- Eje 3. Reconocimiento y valoración de la diversidad cultural y lingüística
- Eje 4. Participación y consulta para una democracia efectiva
- Eje 5. Gestión institucional para un país cultural y lingüísticamente diverso

Un tema importante que incluye este programa es la atención a la población indígena migrante. Por último, estableció los ejes, objetivos, estrategias y líneas de acción, así como una matriz de corresponsabilidad con once secretarías.

El Programa establece que el Gobierno Federal promueve el desarrollo con identidad, es decir, con respeto y reconocimiento a las culturas, las lenguas y los derechos de las personas, los pueblos y las comunidades indígenas del país, con pleno apego al Plan Nacional de Desarrollo 2007-2012 y en el marco de la estrategia gubernamental Vivir Mejor (p. 11).

El eje 2, "Superación de los rezagos y desarrollo con identidad", tiene como tercer objetivo "promover, en términos de las disposiciones aplicables, el desarrollo con identidad de las regiones indígenas, mediante la articulación de las políticas públicas de los tres órdenes de gobierno, en un modelo de desarrollo territorial, participativo y con enfoque de género" (p. 75).

Es importante señalar que a partir de este último objetivo se desprende la metodología de planeación que se implementó en ese sexenio en las comunidades indígenas, como se detallará más adelante.

- **Programa Especial de los Pueblos Indígenas 2014-2018**

En la campaña electoral, el entonces candidato Enrique Peña Nieto adoptó diversos compromisos con los sectores sociales. En el caso de la población indígena, se enunció el compromiso presidencial 257, "Apoyo a comunidades indígenas", sin definir en qué consistiría dicho apoyo, pero fue una de las narrativas para las acciones que se llevaron a cabo durante el sexenio.

En la presentación del Programa Especial, ya como presidente, Peña Nieto señaló que el Plan Nacional de Desarrollo 2013-2018 promovería la construcción de un México incluyente, cuyo objetivo era hacer realidad un país donde se garantizara el ejercicio efectivo de los derechos sociales y donde el ciudadano fuera un agente de cambio, protagonista de su propia superación a través de su organización y participación.

En cuanto a la política social dirigida a la población indígena, se reconoció que el país llevaba décadas de políticas de apoyo al desarrollo de los pueblos indígenas, pero con escasos resultados. Cada institución, e incluso cada programa público orientado a la atención de la población indígena, había operado bajo sus propios criterios para caracterizar a su sujeto de atención y desplegar diversos tipos de acciones, lo que desarticulaba la presencia pública, reducía su eficacia y muchas veces no consideraba la participación de las comunidades indígenas, lo que afectaba la definición de prioridades y acciones (p. 22).

Para ello, dicho programa abordó seis problemáticas que enfrentaban los pueblos indígenas, presentando un diagnóstico para cada uno: derechos, desarrollo social, desarrollo económico, organización y participación de la sociedad indígena en el diseño y coordinación intergubernamental, preservación y fomento del patrimonio cultural, y reconocimiento pleno de los derechos y la inclusión social de los pueblos indígenas.

Se definieron seis objetivos:

- Objetivo 1. Impulsar el reconocimiento, vigencia de derechos y el acceso a la justicia de los pueblos indígenas.
- Objetivo 2. Incrementar el acceso a la alimentación, la salud y la educación a los pueblos indígenas.
- Objetivo 3. Proveer de vivienda e infraestructura de servicios con un enfoque de sustentabilidad a las comunidades indígenas.
- Objetivo 4. Mejorar el ingreso monetario y no monetario de la población indígena a través del impulso a proyectos productivos.
- Objetivo 5. Fortalecer la planeación participativa y la coordinación de los programas gubernamentales que inciden en el desarrollo de los pueblos indígenas.
- Objetivo 6. Preservar y fortalecer la cultura de los pueblos indígenas reconociendo su carácter de patrimonio nacional.

El Programa y las acciones se centraron inicialmente en el cumplimiento del compromiso presidencial y en la Cruzada Nacional contra el Hambre, ya que la mayoría de los municipios con carencia alimentaria eran municipios con alta concentración de población indígena.

En ese sexenio también se dieron los primeros recortes al presupuesto de la Comisión Nacional para el Desarrollo de los Pueblos Indígenas y del anexo transversal del PEF.

- **Programa Nacional de los Pueblos Indígenas 2018-2024**

El Programa Nacional[4] se presenta con un mensaje del presidente Andrés Manuel López Obrador: "Daremos preferencia a los más humildes y a los olvidados, en especial a los Pueblos Indígenas de México". Se señala que para el Gobierno de México "los Pueblos y Comunidades Indígenas y Afromexicanos son sujetos fundamentales en el actual proceso de transformación nacional y la renovación de la vida pública, porque son nuestra raíz y origen, y al mismo tiempo ejemplo de tenacidad, lucha y resistencia en las diversas etapas históricas que hemos vivido los mexicanos" (p. 3).

Se presenta un objetivo general para "impulsar y garantizar el desarrollo y bienestar integral de los Pueblos Indígenas y Afromexicano como sujetos de derecho público, en el marco de una nueva relación con el Estado mexicano, para el ejercicio efectivo de sus derechos, el aprovechamiento sostenible de sus tierras, territorios y recursos naturales, así como el fortalecimiento de sus autonomías, instituciones, culturas e identidades, mediante la implementación de procesos permanentes de diálogo, participación, consulta y acuerdo" (p. 22).

Asimismo, se plantean nueve objetivos específicos:

1. Definir, instrumentar y evaluar los procesos de desarrollo integral, intercultural y sostenible de los Pueblos Indígenas y Afromexicano, mediante la elaboración de los Planes Integrales de Desarrollo Regional, en coordinación con sus autoridades e instancias representativas e impulsando su reconstitución y el pleno respeto a sus formas de autonomía y organización.
2. Apoyar, impulsar y fortalecer las economías y las actividades productivas de las comunidades y regiones indígenas, en particular los sistemas agrícolas tradicionales y cultivos básicos, para lograr la autosuficiencia y soberanía alimentaria, la generación de empleos y la suficiencia de ingresos económicos.

---

4 Con la reforma de 2019 al artículo 2º constitucional para incluir un apartado para el reconocimiento de la población afromexicana, el 27 de diciembre de 2021 se publicó en el DOF el Programa Especial de los Pueblos Indígenas y Afromexicano 2021-2024.

3. Implementar acciones para el establecimiento, mantenimiento y ampliación de la infraestructura social y de comunicaciones, conectividad y espacios públicos comunitarios para lograr mejores niveles de bienestar de los Pueblos Indígenas y Afromexicano. Se garantizará el acceso, establecimiento y operación de servicios y medios de comunicación, radiodifusión y telecomunicaciones en comunidades y regiones indígenas.

4. Promover e impulsar el reconocimiento constitucional y legal de los derechos fundamentales de los Pueblos Indígenas y Afromexicano, de manera especial su carácter de sujetos de derecho público, armonizándolos con los instrumentos jurídicos internacionales en la materia y criterios jurisdiccionales.

5. Garantizar la implementación de los derechos fundamentales de los Pueblos Indígenas y Afromexicano en los ámbitos político, jurídico, económico, social y cultural. En particular, promover las medidas necesarias para el ejercicio de la libre determinación, autonomía y sistemas normativos; la protección, defensa, conservación y aprovechamiento de las tierras, territorios y recursos naturales, así como la conservación y protección de la integridad de la biodiversidad y el medio ambiente.

6. Adoptar las medidas para preservar, difundir, investigar, documentar, fortalecer y revitalizar las culturas, lenguas, valores, saberes, tecnologías y demás expresiones que conforman el patrimonio cultural tangible e intangible y biocultural de los Pueblos Indígenas y Afromexicano para su reconstitución integral y la consolidación de sus instituciones culturales, artísticas y deportivas. En particular, se fortalecerán los procesos de educación indígena intercultural en todos sus tipos y niveles, así como el ejercicio de la medicina tradicional.

7. Garantizar el reconocimiento, respeto y ejercicio de los derechos de las Mujeres Indígenas y Afromexicanas en el contexto de sus pueblos y comunidades.

8. Salvaguardar los derechos de la niñez, juventud, migrantes, desplazados, personas mayores, personas con discapacidad, personas con diversas identidades de género y preferencias sexuales, así como cualquier otro sector en situación de vulnera-

bilidad o víctima de violencia y discriminación, pertenecientes a los Pueblos Indígenas y Afromexicano.

9. Promover e instrumentar el derecho a la participación y representación, así como a la consulta y consentimiento libre, previo e informado, mediante procedimientos apropiados y en particular a través de sus instituciones representativas, cada vez que se prevean medidas legislativas o administrativas susceptibles de afectarles, en el marco de una nueva relación de coordinación, colaboración y respeto.

En este programa nacional vemos una idea de planeación microrregional a través de los Planes Integrales de Desarrollo Regional y una visión de determinar, nuevamente, lo que el sujeto de atención de la política pública necesita.

En lo que respecta a los instrumentos de planeación, hay una constante, que es ver al indígena desde la vulnerabilidad. Esto que tienta a los gobiernos a seguir generando diagnósticos y estudios respecto a las necesidades de los pueblos y comunidades indígenas desde el asistencialismo o desde el paternalismo gubernamental.

Lo cierto es que, a pesar de los instrumentos de planeación y de los presupuestos federal, estatales y municipales, los pueblos indígenas no han logrado superar las enormes brechas que los separan del resto de la población.

Del análisis de los instrumentos de planeación sale a relucir una narrativa similar sexenio a sexenio, con algunas variaciones metodológicas, de políticas públicas y presupuestales. Al final los pueblos indígenas siguen siendo el objeto de la política pública indigenista. Desde la "necesidad de salvar de la marginación total, de la explotación y de la pobreza a grandes masas indígenas, [se] busca la recuperación del indígena para la nación" (INI-PNUD, 2000, p. 35) y no el sujeto de la política pública desde su libre determinación y autonomía.

2.2. EL ESTADO DEL DESARROLLO ECONÓMICO Y SOCIAL DE LOS PUEBLOS INDÍGENAS DE MÉXICO

Hablar del desarrollo económico y social de los pueblos indígenas conduce a considerar aquellos aspectos históricos y estructurales que los han situado sistemáticamente en condiciones de desventaja y desigualdad con respecto a otros sectores de la sociedad nacional (INI-PNUD, 2000, p. 215). Sin duda, las condiciones de aislamiento en las que aún en la actualidad viven algunas comunidades se deben principalmente al proceso de conquista y colonización y a la etapa en que se iniciaron en México las construcciones de proyectos de infraestructura a gran escala, como el que generó que,

> entre 1940 y 1950, unos 22 mil mazatecos de los municipios indígenas de San Pedro Ixcatlán, San José Independencia, Santa María Chilchotla y específicamente San Miguel Soyaltepec, entre otros, fueran obligados a abandonar sus tierras por la construcción de la presa Miguel Alemán, mejor conocida como Presa Temascal (Quadratín, 2013).

Y en 1972 se decretó iniciar la construcción de la presa Miguel de la Madrid, mejor conocida como Presa Cerro de Oro, cuyo lago artificial, producto del embalse, abarca 36 mil hectáreas. Los afectados fueron alrededor de 26 mil campesinos, en su mayoría chinantecos, reubicados en varios municipios de Oaxaca y Veracruz.

A pesar de ello, los pueblos indígenas siguen sorteando las barreras físicas, lingüísticas e ideológicas que impiden su pleno desarrollo, por lo cual es necesario conocer la situación en la que viven, para tener parámetros que permitan replantear las políticas públicas dirigidas a atender sus problemas estructurales de condiciones de vida.

La primera aproximación al estudio del desarrollo de los pueblos indígenas se encuentra en el documento *Estado del desarrollo económico y social de los pueblos indígenas de México, 1996-1997*. Nunca antes se había identificado, reunido, producido, sistematizado y difundido información general y especializada sobre la situación de los pueblos indígenas. En ese periodo, el INI y el PNUD empezaron a hacer visible la información referente a la población indígena de México. Cabe señalar que se trata de un documento que deja de lado la visión indigenista y, por el contrario, hace una crítica al abordaje del tema indígena desde la visión antropológica. Ese estudio se realizó en la última etapa del INI (fue publicado en 2000), por lo que permite tener un comparativo de cómo se han ido construyendo la información y los indicadores de la población indígena.

La información más precisa sobre el tamaño de la población indígena en México se obtuvo con el censo de 1990, en el que se consideró a la población hablante de lengua indígena (HLI),

> donde, además de contabilizar a la población HLI de 5 años y más, y a los bilingües y monolingües, el INEGI incluyó otra variable para mejorar la información censal: la población de 0 a 4 años en hogares donde el jefe o cónyuge es hablante de lengua indígena, con lo que se incrementó el número de indígenas a 6 670 591, y, con ello, las posibilidades de análisis de otros aspectos, como la estructura de la población por edad y sexo (INI-PNUD, 2000, p. 32).

Con base en los criterios y resultados del Censo de Población y Vivienda de 1990, el Consejo Nacional de Población (CONAPO) elaboró una metodología que permitió identificar a la población indígena "agrupando los municipios con 40% y más de HLI, a los cuales denominó predominantemente indígenas" (véase INI-PNUD, 2000, p. 37).

Ya con la información del conteo de 1995, en 1997 CONAPO propuso otra metodología, que consiste en

> sumar las personas que forman parte de un hogar donde el jefe o cónyuge es HLI y los hablantes de lengua indígena que viven en hogares donde no habla lengua indígena ni el jefe ni el cónyuge. Agrupó a dichos hablantes de lengua indígena con base en el criterio de municipios con 40% y más de hablantes y los menores a este porcentaje. Con esta estimación señaló que la población indígena del país ascendía a 8.55 millones de personas en 1990. Al aplicar el mismo procedimiento para 1995, la población indígena se cuantificó en 9.17 millones (INI-PNUD, 2000, p. 37).

Por su parte, el INI, con base en el censo de 1990, procedió a estimar la población indígena bajo la siguiente metodología: primero identificó aquellas localidades que reportaban HLI en el censo y las agrupó:

- en localidades eminentemente indígenas o localidades con 70% y más de HLI;

- localidades medianamente indígenas o de 30 a 69% de HLI, y
- localidades con población indígena dispersa o con menos de 30% de HLI.

Con esta información, se calculó que en 1990 la población indígena ascendía a 8 millones 701 mil 688 personas, es decir, alrededor del 10% de la población total del país.

Fue hasta el censo de 2000 cuando se incorporó la variable de autoadscripción étnica, que básicamente consiste en el autorreconocimiento de pertenencia a un pueblo indígena.

En el Censo de Población y Vivienda 2010 se realizó un mayor análisis de los resultados para generar información e indicadores sobre la población indígena. En los cuestionarios se incluyeron los criterios de hogar indígena y de autoadscripción, y con base en ello se determinó que la población indígena en México ascendía a 15.7 millones de indígenas agrupados en 68 pueblos, de los cuales 11.1 millones viven en un hogar indígena, esto es, que son ubicables geográficamente.

De los 15.7 millones, 6.6 millones son hablantes de lengua indígena y 9.1 millones no, mientras que 400 mil de los hablantes no se consideran indígenas, y de las más de 192 mil localidades del país, en 34 mil 263 el 40% o más de sus habitantes es población indígena, y de ese total, casi 22 mil localidades tienen menos de 100 habitantes.

> De los 2,456 municipios en el país, 624 son considerados indígenas bajo el criterio de hogar indígena (40% y más de PI), y en los estados de Chiapas, Chihuahua, Guerrero, Hidalgo, Oaxaca, Puebla, San Luis Potosí, Veracruz y Yucatán se concentran las 25 regiones indígenas (CDI, 2014, p. 14).

En contraste, el Banco Mundial (2017) estima que más del 50% de la población indígena en América Latina vive actualmente en las zonas urbanas. En México, las acciones dirigidas a la población indígena se concentran prioritariamente al ámbito rural, a pesar de que existe población indígena en las grandes zonas urbanas. El Índice de Desarrollo Humano en las ciudades impide que sean objeto de la política social, o bien, debido a los escasos recursos que asigna el Presupuesto de Egresos de la Federación, se busca focalizar las acciones en los Municipios con 40% o más de población indígena.

En México la población indígena se ubica en todas las entidades federativas. En la actualidad esta situación constituye un reto para la política social, debido a la necesidad de identificar a la población indígena en zonas urbanas y en regiones de destino migratorio para atender sus carencias y rezagos.

De los 624 municipios donde más del 40% de la población es indígena, en 426 los porcentajes de población en situación de pobreza son superiores al 80%, y en 271 el 50% de su población presenta condiciones de pobreza extrema. Éstos se concentran en los estados de Chiapas, Guerrero, Oaxaca y Veracruz.

> A partir de la Encuesta Intercensal 2015 y el criterio de hogar indígena se cuantifica una población indígena de 12 millones 25 mil 947 personas, cantidad que significa el 10.1% de la población total del país; de ellas, 4 millones 623 mil 197 no hablan la lengua pero viven y guardan relación de parentesco con el jefe, el cónyuge o algún ancestro que habla la lengua indígena. Además, existen 7 millones 387 mil 341 personas mayores de 3 años HLI. Es importante señalar que las personas HLI representan 6.5% del total de población de 3 años y más de edad, y de ellos el 12.3% son monolingües. Con el criterio de autoadscripción, la población indígena ascendió a 25 millones 694 mil 928 personas, lo que representaba el 21.5% de la población nacional (CDI-Indicadores 2016, p. 11).

Los resultados del Censo de Población y Vivienda 2020 nuevamente se enfocaron en el criterio de hogar indígena, esto es, el número de hablantes de lenguas, por lo que en los siguientes censos y conteos se deberían generar esfuerzos para visibilizar aún más a la población indígena, donde el criterio lingüístico no sea el principal indicador, sino que cada vez se dé mayor importancia a la autoadscripción bajo características metodológicas especiales.

En un comparativo 2010, 2015 y 2020 vemos que cada vez el criterio de autoadscripción va ampliándose incrementando el porcentaje de población que se autoadscribe como indígena, lo ideal sería que sólo se aplicara un cuestionario en México en el que lograramos identificar la autoadscripción de la población, debido a que por prejuicios del personal encuestador, en muchas ocasiones no se aplica el cuestionario ampliado en las zonas urbanas.

2.2.1. *Evaluaciones del Consejo Nacional de Evaluación de la Política de Desarrollo Social (CONEVAL) a las políticas públicas dirigidas a la población indígena*

En el Informe de Evaluación de la Política Social 2018, el CONEVAL señala que los datos sobre pobreza muestran un panorama mixto.

> Entre 2008 y 2016, la pobreza aumentó en 3.9 millones de personas; al mismo tiempo, 2.9 millones de personas dejaron de estar en situación de pobreza extrema. Lo anterior es resultado, por un lado, de la reducción de la mayoría de las carencias sociales, aunque las carencias de acceso a la seguridad social y a la alimentación todavía son altas, y, por otro lado, el ingreso de los hogares ha tenido una trayectoria errática (CONEVAL, p. 7).

En dicho informe se señala que la pobreza, si bien debe ser un tema prioritario, no debe ser la única problemática que guíe la política pública. Para mejorar el desarrollo social es necesario avanzar en el cumplimiento de los derechos y reducir las brechas que aún existen entre diferentes grupos sociales, así como diseñar instrumentos de política pública que igualen las oportunidades de toda la población.

A partir del diagnóstico de derechos sociales y sus dimensiones, el informe también advierte que consistentemente hay grupos de población cuyo ejercicio de derechos se encuentra comprometido. En México todavía estamos lejos de que todos los grupos sociales tengan oportunidades y participación en igualdad de circunstancias. La población indígena, por ejemplo, muestra brechas siempre que se compara con población no indígena; la situación se agrava cuando además de ser indígenas son mujeres, y a ello se deben agregar las intersecciones. En 2016, 85.1 por ciento de las mujeres indígenas residentes en zonas rurales eran pobres.

Dicho organismo llama la atención sobre la necesidad de superar la planeación sectorial y trabajar cada vez más en una planeación enfocada en la atención del cumplimiento progresivo de los derechos sociales.

El CONEVAL también señala que se debe contar con una ruta que priorice el acceso efectivo a los derechos sociales y la reducción de pobreza. Con indicadores adecuadamente definidos, puede reforzar las estrategias de coordinación entre dependencias y órdenes de gobierno.

Ahora bien, en las recomendaciones que realiza el CONEVAL, en lo referente a la población indígena señala que se deben:

- Implementar políticas públicas dirigidas a los pueblos indígenas que contribuyan a mejorar sus capacidades para que compitan en el mercado laboral y así, además de impulsar el empleo de calidad, puedan acceder a la seguridad social.
- Diseñar e implementar políticas públicas que respeten los patrones culturales y tradiciones de los pueblos indígenas y que, además, promuevan sus valores culturales como fuente de identidad.

En 2016, 71.9% de la población indígena, es decir, 8.3 millones de personas, se encontraba en situación de pobreza; la cifra aumenta a 77.6% entre la población hablante de lengua indígena, muy por encima del promedio nacional (43.65%). En contraste, en 2018 el 69.5% de la población indígena se encontraba en pobreza, frente al 39% de la población no indígena.

En un país con igualdad efectiva de derechos, la reducción de la pobreza debería ser en igualdad de condiciones entre población indígena y no indígena. Por ejemplo, señala el CONEVAL que entre 2008 y 2018, la población en situación de pobreza se redujo en mayor medida en la población no indígena (2.2 puntos porcentuales), que en la población indígena (1.6 puntos porcentuales), por lo que el objetivo establecido en la Constitución de igualar las oportunidades de todos los mexicanos es una asignatura pendiente.

2.2.2. Índice de Desarrollo Humano de los Pueblos Indígenas

El primer Informe Mundial sobre Desarrollo Humano (IDH) introdujo en 1990 un nuevo enfoque sobre la manera de entender el progreso social. El IDH comenzó en 2002 su trayectoria en México, y en 2006 y 2010 la otrora CDI, con el apoyo del PNUD, elaboró sendos informes sobre el desarrollo humano de los pueblos indígenas para obtener aproximaciones respecto al IDH en dicha población.

En el informe de 2006, se establece que "el Índice de Desarrollo Humano de los Pueblos Indígenas (IDHPI) resume dos de los grandes ejes de desigualdad actuantes del desarrollo en México: el que se deriva del lugar de residencia y el originado por la pertenencia étnica" (PNUD, 2006, p. 7).

En ese estudio se mostraba que

> el IDH de los pueblos indígenas se ubicaba en 0.7057, a diferencia del IDH de la población no indígena, que era de 0.8304, es decir, una brecha de casi 15%. El análisis de los componentes del IDHPI mostraba logros en materia de educación y salud, sin embargo, el indicador de ingreso se encontraba por debajo de los países desarrollados y en algunos municipios y regiones indígenas es muy parecido al registrado en la África subsahariana, la única región del mundo considerada como de desarrollo humano bajo (p. 7).

Asimismo, aporta información para cada uno de los componentes del IDHPI, con lo que se muestran las brechas para el desarrollo humano entre la población indígena y la no indígena.

- **Salud.** El índice de salud era de 0.7380 para los pueblos indígenas y de 0.8491 para los no indígenas, con una diferencia de 13.1% entre ambas poblaciones.
- **Educación.** El componente de educación alcanzaba un índice de 0.7319 para los pueblos indígenas y 0.8841 para los no indígenas, con 17.2% de diferencia.
- **Ingresos.** El índice de ingresos para los pueblos indígenas era de 0.6471, mientras que para los no indígenas fue de 0.7579, que se traduce en una diferencia de 14.6%.

En el tema educativo, los mayores desequilibrios entre la población indígena y la no indígena se observaban en las entidades federativas con importantes volúmenes de población indígena asentada o no originaria; tal es el caso de Sinaloa, donde el índice de asistencia es de 0.4743 y 0.8195 para población indígena y no indígena, respectivamente. Algo similar sucede en Nuevo León y en Chihuahua, en los que apenas poco más de la mitad de los niños indígenas están en la escuela, frente a cerca de cuatro de cada cinco de los no indígenas: en Nuevo León 0.5635 y 0.8216, y en Chihuahua 0.5690 y 0.7968 para indígenas y no indígenas, respectivamente.

En cuanto a los ingresos de los indígenas por estado de acuerdo a los datos del IDHPI, en 2006 Chiapas se ubicaba con el menor índice de ingreso, con 0.490, lo que lo situaba en la escala mundial entre los países de Pakistán y Sudán que tenían niveles de desarrollo humano medio. Por su parte, Oaxaca llegaba a un índice de 0.553, casi igual que los países de Kirguistán y Vanuatu. No muy lejos de estas entidades se encontraban Guerrero con 0.550, Nayarit con 0.574, Hidalgo con 0.564, Tabasco con 0.588, San Luis Potosí con 0.607, Puebla con 0.622, Michoacán con 0.622 y Campeche con 0.658. En el otro extremo se encontraban Quintana Roo, con un índice de ingreso de 0.789 (similar al de naciones como Arabia Saudita y Eslovaquia), Jalisco con 0.744, Baja California con 0.724 y Chihuahua con 0.714.

El Informe 2006 incluye un apartado sobre las regiones indígenas. Los datos, sin embargo, distan mucho de la realidad que viven las comunidades. Más allá de las implicaciones que tienen esas cifras frente a la pérdida de cultura e identidad indígena, por ejemplo, el informe señala que las regiones indígenas con mayor desarrollo humano son la región mayo-yaqui y la maya, ubicadas de extremo a extremo del territorio nacional. La primera recibe importantes beneficios de la agricultura de exportación, mientras la segunda se ubica en la región turística maya y petrolera de Campeche. Entre las regiones con menor desarrollo destacan Norte de Chiapas, Montaña de Guerrero, Mixteca y Costa, y Sierra Sur de Oaxaca. Empero, la realidad en el territorio es otra. Desde hace décadas, los yaquis, debido a la falta de recursos para poder detonar la agroindustria en la zona, no controlan sus tierras, sino que están rentadas a empresarios que las cultivan. Lo mismo pasa en la Región Maya: la población indígena no es dueña de los medios de producción y constituye únicamente la mano de obra, sobre todo del sector turístico.

En el contexto municipal para el año 2000, "la Delegación Benito Juárez se ubicaba con el IDHPI más alto del país, con un índice de 0.9242, que era 13.2% superior al promedio registrado a nivel nacional" (PNUD, 2006, p. 13). Con todo, cabe mencionar que la población indígena residente en la misma demarcación territorial no tenía las mismas condiciones de desarrollo humano que la no indígena, sino que registraba un índice de 9.9% inferior.

Por el contrario, el municipio de Coicoyán de las Flores, en Oaxaca, con una población indígena de 98.1%, tenía el IDHPI más bajo de las demarcaciones territoriales del país, con un índice de 0.4709, es decir, 70.4% por debajo del promedio nacional.

También según el informe de 2006, en once municipios del país el IDHPI registró niveles significativamente bajos, ocho de ellos inferiores a 0.5, y con altos porcentajes de población indígena (más del 98%).

Cuadro 3. IDH en regiones indígenas

Municipio Indígena	IDH	Región Indígena
Chalchihuitán	(IDHPI de 0.4966)	Los Altos de Chiapas
Mitontic	(0.4891)	
Mixtla de Altamirano	(0.4862)	Cuicatlán
Tehuipango	(0.4745)	
Santa Lucía Miahuatlán	(0.4833)	Costa y Sierra Sur de Oaxaca
San Martín Peras	(0.4688)	Mixteca
Metlatónoc	(0.4483)	Montaña de Guerrero
Coicoyán de las Flores	(0.4455)	Mixteca

Fuente: Elaborada por la autora con base en el *Informe sobre Desarrollo Humano de los Pueblos Indígenas de México 2006*

Como vemos en el cuadro anterior, en Chiapas, en la región de los Altos, el municipio Santiago El Pinar alcanzaba 81% de PI, con IDHPI de 0.4479, y Aldama 83% de PI, con IDHPI de 0.4858, mientras que Sitalá, en la región de la Selva Lacandona, contaba con 56.9% de PI e IDHPI de 0.4853.

El Informe sobre Desarrollo Humano de los Pueblos Indígenas en México de 2010 aborda específicamente el IDH en la población indígena para 2,032 municipios, de los 2,454 que conformaban el país en el 2005, en los que se concentraba el 99.9% de la población indígena.

En el caso de esta población, los resultados muestran que "la mayor pérdida de desarrollo humano atribuible a la desigualdad se concentra en las dimensiones de salud y educación en todas las entidades federativas" (PNUD, 2010, p. 15). En el comparativo con otras medidas de bienestar, más allá del IDH, los resultados son consistentes con respecto a la condición de rezago en que se encuentran los indígenas. En el documento, que toma como comparativo la medición de la pobreza multidimensional utilizada por el CONEVAL, muestra que para el año 2008 el 93.9% de la población indígena estaba privada al menos de uno de estos derechos y el 64.2% al menos de tres.

En este informe se señalaba que, en general, la población indígena en los municipios de México alcanza niveles de desarrollo humano inferiores a la población no indígena. En la comparación internacional, únicamente como referencia, el IDHPI del municipio con menor logro, Batopilas, Chihuahua, registraba un indicador de 0.3010, menor que el del país con menor desarrollo humano en el mundo, que era Níger, con un IDH de 0.3300. En el otro extremo, Tlahuelilpan, Hidalgo, alcanzaba un IDHPI de 0.9207, similar al de Eslovenia.

En 2008 los datos de la Encuesta Nacional de Ingresos y Gastos de los Hogares (ENIGH) mostraron que el IDH de la población indígena fue de 0.6761, mientras que el estimado para la población no indígena fue de 0.7628. En las tres dimensiones del IDH (salud, educación e ingreso), la población indígena se encuentra en desventaja (p. 39).

Cuadro 4. IDH nacional y componentes por condición de indigenismo, 2008

Grupo poblacional	IDH	IS	IE	II
No indígenas	0.7628	0.7572	0.8330	0.6982
Indígenas	0.6761	0.7442	0.7050	0.5791

Fuente: PNUD con información de la ENIGH 2008

Gráfica 3. Brechas de desarrollo humano por grupo de población (no indígena = 100). México 2008.

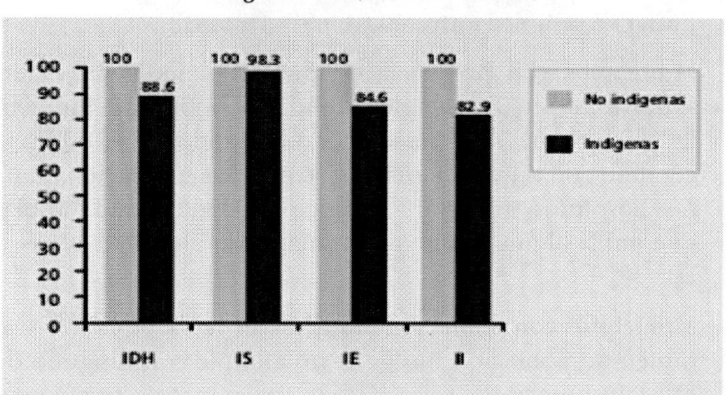

Fuente: Elaborado por la Oficina de Investigación en Desarrollo Humano del PNUD-México con información del Módulo de Condiciones Sociales de la ENIGH 2008.

El informe también hace mención de las grandes diferencias que existen entre grupos etnolingüísticos, y esto se evidencia asimismo en los logros alcanzados en IDH por cada grupo. Mientras que los hablantes de tepehua tenían un IDH de 0.5246, los zapotecos del Istmo alcanzaban un 0.6987.

2.2.3. Indicadores socioeconómicos de los pueblos indígenas en México: comparativo de los resultados de 2010 y 2015

En los principales indicadores socioeconómicos de la población indígena, con base en el documento generado por la otrora CDI, denominado *Indicadores socioeconómicos de los Pueblos Indígenas de México, 2015*, se identificó que el 55% de la población indígena habita municipios de alta y muy alta marginalidad, y el 87.5. % de los municipios indígenas se encuentran en condiciones de alto grado y muy alto grado de marginalidad. Para analizar la distribución de la población indígena en el territorio nacional, se desarrolló una tipología de municipios, en cuatro categorías:

- **Municipios indígenas:** aquellos donde el 40% o más de su población total es indígena; en esta categoría se hace una distinción entre los municipios con 70% y más de población indígena (tipo A) y aquellos donde el porcentaje de población indígena se ubica entre 40 y 69.9% (tipo B).

- **Municipios con presencia de población indígena:** categoría subdividida en municipios donde la población indígena es igual o mayor a 5 mil personas, considerados de interés porque cuentan con un volumen importante de la población en términos absolutos (tipo C), y municipios donde reside población que habla alguna lengua con menos de 5 mil hablantes (tipo D).
- **Municipios con población indígena dispersa:** aquellos cuyo volumen de población indígena no cumple con ninguno de los criterios anteriores (tipo E); en esta categoría se encuentran mil 543 municipios del país.
- **Municipios sin población indígena:** aquellos donde no se identificó población indígena alguna (tipo F); asciende a 33 municipios.

Cuadro 5. Porcentaje de población indígena por entidad federativa

Entidades federativas que concentran el mayor número de población indígena del país:
Oaxaca (14.4%), Chiapas (14.2%), Veracruz (9.2%), México (9.1%), Puebla (9.1%), Yucatán (8.8%), Guerrero (5.7%) e Hidalgo (5.0%). En estos estados vive el 75% de la población indígena nacional.
Entidades con más de 13% de población indígena con respecto a la población estatal:
Veracruz (13.6%), San Luis Potosí (13.6%), Puebla (17.7%), Guerrero (19.3%), Hidalgo (21.2%), Campeche (22.2%), Quintana Roo (32.5%), Chiapas (32.7%), Oaxaca (43.7%) y Yucatán (50.2%).
Entidades con menos de 2% de población indígena con respecto a la población estatal:
Tamaulipas (1.9%), Colima (1.4%), Jalisco (1.3%), Aguascalientes (0.7%), Guanajuato (0.5%), Zacatecas (0.5%) y Coahuila (0.5%).

Fuente: Elaborada por la autora con base en los *Indicadores socioeconómicos de los pueblos indígenas de México 2015*, CDI

Gráfica 4. Población Indígena por Entidad Federativa, 2015

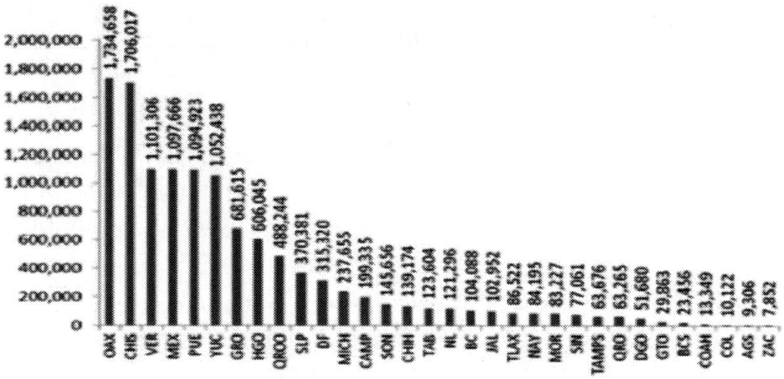

Fuente: CDI. Sistema de indicadores sobre la población indígena de México con base en la Encuesta Intercensal 2015, INEGI.

La gráfica 4 nos muestra que en ocho entidades existe una mayor concentración de esta población en los municipios indígenas: Chiapas, Hidalgo, San Luis Potosí, Oaxaca, Yucatán, Veracruz, Durango y Guerrero, que tienen entre 66% y 85% de la población indígena y donde entre 73% y 90% de los hablantes de lenguas indígenas habitan los municipios indígenas.

En Zacatecas, Colima, Coahuila, Guanajuato y Tlaxcala no existen municipios considerados como indígenas, y ahí la población indígena habita municipios clasificados como de población indígena dispersa.

Asimismo, en 15 entidades la mayor parte de la población indígena (entre 52% y 100%) se ubica en municipios con presencia de población indígena: Chihuahua, Querétaro, Jalisco, Morelos, Quintana Roo, Baja California Sur, Nuevo León, México, Sinaloa, Aguascalientes, Tamaulipas, Tabasco, Sonora, Baja California y Ciudad de México.

Al diferenciar los hogares indígenas según la lengua, se identifica que los pueblos con mayor población son: náhuatl (24%), maya (13.7%), mixteco (6.8%); zapoteco (6.8%), tseltal (5.7%), paipai (5.5%), otomí (5.5%), tsotsil (5.1%), totonaco (3.6%) y mazahua (3.0%). Estos diez pueblos concentran el 80% de la población indígena.

Además, existen 11 grupos lingüísticos con menos de 500 personas indígenas: ixcateco, qato'k, pápago, ixil, kiliwa, teko, oluteco, kickapoo, kaqchikel, ayapaneco y awakateko.

En otro grupo de nueve lenguas, por su parte, la población en hogares indígenas oscila entre 500 y mil 400 personas: k'iche', pima, texistepequeño, jakalteko, chocholteco, seri, kumiai, lacandón y cucapá.

En siete lenguas más, la población indígena en hogares es mayor de 2 mil personas pero menor de 5 mil: chichimeco jonaz; Chuj; matlatzinca; akateko; guarijío; tlahuica y q'eqchi'.

En lo que respecta a la composición de la población indígena por sexo en 2015, el 51.1% de la población indígena son mujeres y 48.9% son hombres, es decir, hay 96 hombres por cada 100 mujeres, en tanto que el cociente nacional es de 94 hombres por cada 100 mujeres.

En el tema migratorio o de movilidad interna, Baja California Sur y Nuevo León fueron polos importantes de llegada de población indígena, al igual que Sinaloa. Por el contrario, las entidades que se distinguen por registrar una mayor expulsión de población indígena originaria son Oaxaca, Veracruz, Yucatán, Ciudad de México y Puebla, todos por arriba de 100 mil personas; además de estas entidades, en México y Chiapas se presenta un flujo importante de migrantes recientes.

En cuanto a los datos socioeconómicos de la población indígena, las cifras que se elaboraron con base la Encuesta Intercensal de 2015 se presentan de la siguiente manera.

- **VIVIENDAS.** El 12.8% de las viviendas indígenas carecen de agua entubada, el 26.9% no cuentan con servicios de saneamiento y el 4.4% aun no disponen de luz eléctrica. Del mismo modo, en el 13.9% de las viviendas hay piso de tierra y en el 58.8% se cocina con leña o carbón.
- **EDUCACIÓN.** En relación con la educación, los datos indican que entre la población indígena mayor de 15 años de edad el 16.6% no cuenta con instrucción escolar alguna. En cuanto a

la educación primaria, el 18.2% la ha concluido y el 18.1% la tiene incompleta. Estos resultados contrastan con los nacionales: sólo el 6.0% de la población nacional mayor de 15 años no cuenta con ninguna instrucción escolar; el 10.4% tiene estudios incompletos de primaria y únicamente el 15% tiene estudios terminados del nivel primaria. El porcentaje de población indígena con estudios terminados del nivel secundaria es de 20.5%, cifra menor en 3 puntos porcentuales al que se registra a nivel nacional, que es de 23.7%. Las mayores brechas de rezago educativo entre la población indígena y la nacional se presentan en personas con estudios de educación media superior y superior, que son 14.6% y 7% para la población indígena y de 21.9% y 18.2% para la población nacional, respectivamente. En cuanto a alfabetismo, entre la población indígena de 15 años o más de edad, el 17.8% es analfabeta, porcentaje tres veces mayor al que se registra a nivel nacional, que es de 5.5%. Por otra parte, el porcentaje de niños indígenas de 6 a 14 años que asisten a la escuela asciende a 94.4%, proporción menor en 1.2 puntos porcentuales respecto al valor nacional, de 96.2%.

- **SALUD.** Con relación al acceso a los servicios de salud, 8 de cada 10 personas que viven en hogares indígenas declararon estar afiliadas a uno o más servicios de salud. En entidades como Guerrero, Chiapas, San Luis Potosí y Puebla, 9 de cada 10 afiliados son del Seguro Popular. En contraste, en los estados de Coahuila, Nuevo León y Tamaulipas, 5 de cada 10 afiliados son del Instituto Mexicano del Seguro Social.
- **ACTIVIDAD ECONÓMICA.** La condición de actividad o la inserción de la fuerza de trabajo en el mercado laboral muestra la estrecha vinculación entre la actividad económica de la población indígena y su condición migratoria. En las zonas de atracción de migrantes indígenas (Baja California Sur, Nuevo León, Colima, Ciudad de México, Aguascalientes, Sinaloa y Baja California), la tasa de participación económica de la población de 12 años de edad y más es de 60% o más, a diferencia de las zonas tradicionales, como Oaxaca, Guerrero, Nayarit, San Luis Potosí y Durango, en las cuales la participación en el

mercado de trabajo es de 38% o menos. Durango registra el porcentaje más bajo de población de 12 años y más trabajando o que busca hacerlo: 24%; es decir, en dicha entidad existe una menor participación de la población indígena en la economía no tradicional.

Esta información corresponde a la población que habita un hogar indígena; sin embargo, en los procesos de migración,

> la población indígena, aunque viva en ciudades, se concentra en los llamados cinturones de miseria. Esta situación de pobreza se consigna en relación con las carencias sociales, con los ingresos (que muchas veces son inferiores a la línea de bienestar mínima), al acceso a la educación, a los servicios de salud, a la seguridad social, a la vivienda y alimentación, entre otros factores (Chong y Valdés, 2015, p. 64).

Afrontar estas situaciones de pobreza histórica y estructural para la población indígena requiere no únicamente de enormes presupuestos, sino de voluntad política para redefinir las políticas asimilacionistas del Estado mexicano. De acuerdo con el Banco Mundial (2015),

> el hecho de nacer de padres indígenas aumenta marcadamente la probabilidad de crecer en un hogar pobre, independientemente de otras condiciones, como el nivel de educación de los padres, el tamaño del hogar o el lugar de residencia, creando un círculo vicioso que impide el pleno desarrollo del potencial de los niños y niñas indígenas (p. 61).

2.2.4. Presupuesto destinado a la población indígena

De acuerdo con Fundar, Centro de Análisis e Investigación (s/f), como parte de las reformas para la restructuración y orientación del presupuesto en resultados prácticos, desde 2008 se han incluido en el Presupuesto de Egresos de la Federación (PEF) diferentes presupuestos transversales con el objeto de identificar y clasificar la proporción de recursos destinados a la atención de grupos específicos de la población o problemáticas nacionales que necesiten ser combatidas de manera integral. Anualmente, en el PEF se incluyen anexos que identifican las asignaciones que impactan directamente en la ejecución de obras, acciones y servicios para poblaciones y problemáticas específicas. Los presupuestos transversales abarcan diversas temáticas, como el combate al cambio climático, el fortalecimiento de la equidad de género o el desarrollo de la ciencia, de la tecnología del campo y de los pueblos indígenas. Por lo general se dedican a atender o beneficiar a diferentes grupos marginados de la población, como indígenas, jóvenes, grupos vulnerables y, desde 2012, niñas, niños y adolescentes.

Es importante conocer cuánto se ha destinado al cumplimiento de los objetivos de los planes y programas. En los datos públicos con que se cuenta, se identifica el presupuesto destinado a la atención de la población indígena.

En los inicios del Anexo Transversal, la población indígena estaba en el anexo 7, y actualmente está en el anexo 10 ("Desarrollo integral de los pueblos y comunidades indígenas).

Las variaciones en el presupuesto, tanto del anexo 10 como del de asignación directa a la CDI hoy INPI, han tenido serias repercusiones en la implementación de los principales programas presupuestarios para el desarrollo social de la población indígena. Como vemos en la siguiente gráfica, el presupuesto de la CDI, hoy INPI, tuvo su mayor caída en 2017 en comparación con los años previos.

Gráfica 5. Tasas de crecimiento del presupuesto para población indígena Anexo 10 vs INI-CDI-INPI (2000-2020)

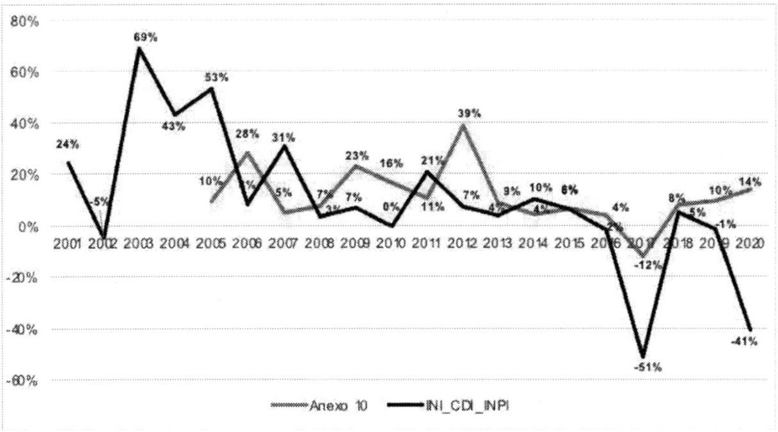

Fuente: Elaborada por la autora con base en la información del histórico del PEF

Gráfica 6. Presupuesto para población indígena Anexo 10 vs INI-CDI-INPI (2000-2020), millones de pesos

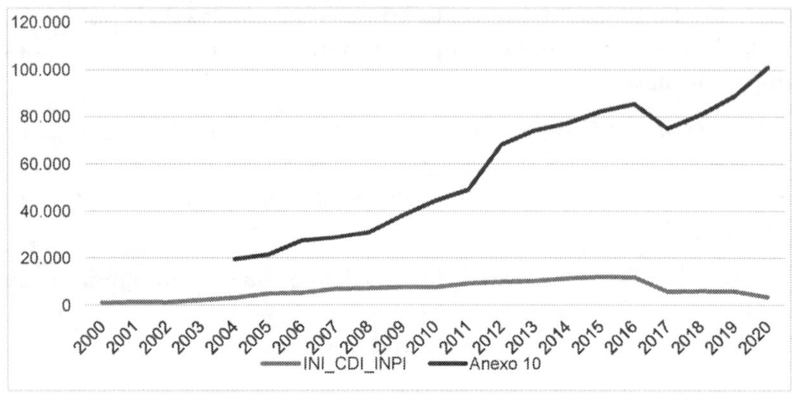

Fuente: Elaborada por la autora con base en la información del histórico del PEF

A pesar del presupuesto destinado al desarrollo de la población indígena, no se han logrado abatir las cifras de pobreza y de pobreza extrema. Gran parte de este presupuesto se destina a programas que no atienden las necesidades o las aspiraciones de desarrollo de las comunidades. Los recursos, por esa razón, deben focalizarse en la atención territorial y tomar en cuenta las necesidades de las comunidades indígenas desde sus propias voces.

Gráfica 7. Tasas de crecimiento promedio del presupuesto para población indígena por sexenio. Anexo 10 vs INI-CDI-INPI

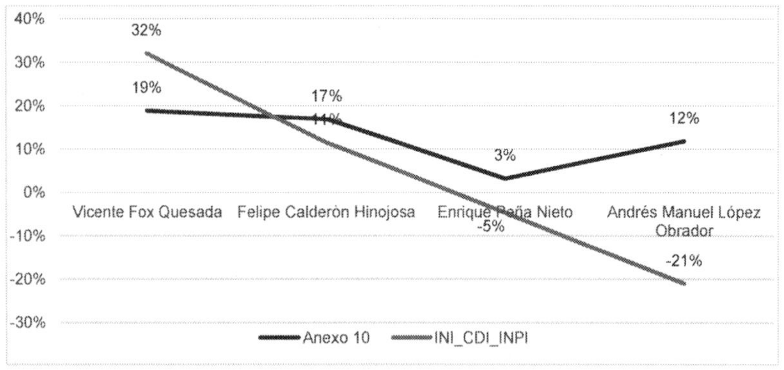

Fuente: Elaborada por la autora con base en la información del histórico del PEF

Un aspecto importante que se debe valorar, y por cuestiones de tiempo no suele abordarse, es: ¿en qué se ha gastado el presupuesto destinado a la población indígena? ¿Realmente las tasas de crecimiento del presupuesto impactaron en el desarrollo social de la población indígena? Actualmente, el presupuesto del anexo 10 está destinado a los programas prioritarios de la Administración Federal, por lo que su mayor parte se dedica a las acciones asistencialistas que auspicia la Secretaría de Bienestar.

2.2.4.1. Distribución de las acciones en favor de los pueblos indígenas con base en el presupuesto aprobado

Considerando que hemos abordado el estado del desarrollo de los pueblos indígenas con los principales indicadores al 2015, en este apartado incluiremos únicamente la información de las publicaciones *Acciones de gobierno para el desarrollo integral de los pueblos indígenas* correspondientes a los años 2016, 2017 y 2018, así como el informe Avances y Resultados del Instituto Nacional de los Pueblos Indígenas en sus ediciones de 2019 y 2020.

El documento *Acciones de gobierno para el desarrollo integral de los pueblos indígenas 2016* permite identificar que los recursos para la atención de la población indígena se distribuyeron en 14 ramos presupuestarios. Los de mayor cuantía corresponden a los ramos 20 (desarrollo social), 47 (entidades no sectorizadas, CDI), 33 (aportaciones federales para entidades federativas y municipios), 11 (educación), 9 (comunicaciones y transportes) y 12 (salud). En estos ramos se concentran poco más de cuatro quintas partes del presupuesto total para población indígena, que en 2016 significaba 72 mil 174 millones de pesos, de los 85 mil 260 aprobados.

Sin considerar la asignación del ramo 33 (recursos que se entregan a los gobiernos estatales y municipales), cerca de 70% del presupuesto indígena está destinado a los programas y acciones de la Secretaría de Desarrollo Social, la CDI, la Secretaría de Educación Pública, la Secretaría de Comunicaciones y Transportes y Salud. "El recurso que engloban estos sectores ascendió a 62,013 millones de pesos en 2016" (p. 51).

Asimismo, es posible identificar 68,473.93 millones de pesos del recurso ejercido a nivel municipal en 2016. La distribución del gasto por entidad federativa indica que poco más de la mitad del recurso ejercido, 52.3%, se canalizó a cinco entidades federativas: Chiapas, 11.8%; Oaxaca, 10.4%; México, 6.9%, y Puebla, 6.7%. Estas entidades concentran el 42.8% de la población indígena nacional, como se ve a continuación.

Gráfica 8

Participación del presupuesto para la atención de la población indígena en el presupuesto de cada ramo presupuestario
Presupuesto de Egresos de la Federación (PEF), 2016
(millones de pesos)

	Ramo	PEF 2016	PEF-PI 2016	%
47	Entidades no Sectorizadas, CDI	14,788.11	11,900.50	80.5
20	Desarrollo Social	109,371.91	28,642.48	26.2
33	Aportaciones Federales para Entidades Federativas y Municipios	50,173.81	10,160.14	20.2
15	Desarrollo agrario, territorial y urbano	25,613.44	2,242.31	8.8
09	Comunicaciones y Transportes	105,217.73	6,585.16	6.2
16	Medio ambiente y recursos naturales	55,770.25	3,250.95	5.8
08	SAGARPA	84,827.28	4,097.79	4.8
12	Salud	132,216.88	5,020.95	3.8
11	Educación Pública	302,986.58	9,884.32	3.3
35	Comisión Nacional de los Derechos Humanos	1,546.93	18.12	1.2
19	Aportaciones a la Seguridad Social	553,686.75	3,393.97	0.6
10	Economía	14,746.09	28.87	0.2
38	Consejo Nacional de Ciencia y Tecnología	34,010.26	30.00	0.1
04	Gobernación	67,472.54	28.79	0.0

Gráfica 9

Gasto ejercido* al 4° trimestre de 2016 por entidad federativa
(Millones de pesos)

Entidad	Gasto
Chiapas	8,071.2
Oaxaca	7,113.6
Veracruz	5,756.0
México	5,692.8
Puebla	4,618.7
Guerrero	4,579.8
Hidalgo	3,278.1
Yucatán	3,068.6
Distrito Federal	3,012.9
San Luis Potosí	2,096.0
Chihuahua	1,845.3
Michoacán	1,646.2
Campeche	1,597.0
Sinaloa	1,587.5
Tabasco	1,542.9
Jalisco	1,370.4
Sonora	1,321.4
Quintana Roo	1,253.7
Baja California	1,149.4
Tamaulipas	1,087.8
Guanajuato	919.4
Durango	887.7
Nayarit	862.6
Nuevo León	775.4
Morelos	703.2
Querétaro	613.7
Coahuila	588.5
Aguascalientes	448.3
Baja California Sur	347.3
Zacatecas	339.4
Colima	178.7
Tlaxcala	120.7

Fuente: Acciones de gobierno para el desarrollo integral de los pueblos indígenas 2016, CDI

En las *Acciones de gobierno para el desarrollo integral de los pueblos indígenas 2017*, para el anexo transversal 10, "Erogaciones para el desarrollo integral de los pueblos y comunidades indígenas", el monto de recursos aprobados en 2017 para la atención de la población indígena ascendió a 74 mil 896 millones de pesos, lo que representaba un descenso de 18.2% en términos reales con respecto al monto asignado en 2016, de 85 mil 260 millones de pesos. (p.55)

El mayor porcentaje de recursos se ubicaba en el ramo 47 (entidades no sectorizadas), que incluía los recursos de la CDI, equivalentes al 66.1% del presupuesto total del ramo; asimismo, en el ramo 20 (desarrollo social) se tenía un peso relativo de 28.1% (p. 58).

De dicho informe también se desprende que una parte importante de las erogaciones para el desarrollo de los pueblos y comunidades indígenas corresponde a las previsiones del gasto de nueve programas presupuestarios. Los programas con la mayor cantidad de recursos fueron Prospera. Programa de Inclusión Social y Pensión para Adultos Mayores, ambos a cargo de la SEDESOL, con 13 mil 600 y 12 mil 600 millones de pesos, respectivamente, destinados a la atención de la población indígena, cifra que representa el 35% del monto total de recursos aprobados por ese concepto.

Gráfica 10

Participación del presupuesto para la atención de la población indígena en el presupuesto de cada ramo presupuestario, *Presupuesto de Egresos de la Federación, 2017*
(millones de pesos)

	Ramo	PEF 2017	PEF-PI 2017	%
47	Ramo 47 Entidades No Sectorizada	8,787.8	5,806.6	66.1
20	Desarrollo Social	105,340	29,561	28.1
15	Desarrollo Agrario, Territorial y Urbano	16,019	1,548.5	9.7
8	Agricultura, Ganadería, Desarrollo Rural, Pesca y Alimentación	70,597	4,638	6.6
12	Salud	121,818	5,172.4	4.2
16	Medio ambiente y recursos naturales	36,059	1,354	3.8
11	Educación Pública	267,655	9,653.6	3.6
9	Comunicaciones y Transportes	84,628	1,977	2.3
33	Aportaciones Federales para Entidades Federativas y Municipios	651,862	10,627.5	1.6
21	Turismo	3,947	56	1.4
35	Comisión Nacional de Derechos Humanos	1,729	19.4	1.1
19	Aportaciones a Seguridad Social	642,744	3,776	0.6
48	Cultura	12,428	70.3	0.6
23	Provisiones Salariales y Económicas	131,866	579	0.4
38	Consejo Nacional de Ciencia y Tecnología	26,964	30.0	0.1
4	Gobernación	58,187	27	0.0

Fuente: *Acciones de gobierno para el desarrollo integral de los pueblos indígenas 2017*, CDI

El informe da cuenta de que poco más de la mitad (52.9%) del recurso ejercido a nivel municipal en 2017, 90 mil 599.4 millones de pesos, se canalizó a cinco entidades federativas: Chiapas, 18.2%; Oaxaca, 10.3%; México, 10.1%; Veracruz, 7.5%, y Puebla, 6.8%. Estas entidades concentraban 6.7 millones de indígenas, es decir, el 56% de la población indígena nacional.

De 2019 a la fecha no se cuenta con información global, sino sólo con un informe del total de apoyos por acciones o programas presupuestarios. No obstante, considerando la relevancia de mostrar el impacto del presupuesto destinado a acciones y políticas públicas dirigidas a la población indígena para garantizar su desarrollo, se toma como referencia la *Medición multidimensional de la pobreza en México, 2016-2020*, apartado "Pobreza y brechas sociales", que para el año 2020 arroja que 76.8% de la población hablante de lengua indígena se encuentra en pobreza, de la cual 41% está en pobreza moderada y 35.7% en pobreza extrema (CONEVAL, 2022, p. 77).

Esto refleja que la población indígena sigue en condiciones de desventaja y de pobreza, aun cuando se hayan destinado diversas acciones y miles de millones de pesos para garantizar su desarrollo. Precisamente en este contexto se requiere adoptar nuevas medidas para que los recursos destinados a la población indígena se inviertan en su desarrollo. Si bien desde el INI, la CDI y actualmente desde el INPI se han planteado en diversos momentos algunos ejercicios con un enfoque territorial, también es cierto que se requiere que los pueblos indígenas sean actores de su propio desarrollo.

Capítulo 3
Desarrollo con identidad y su aplicación Institucional en México

Existe una idea generalizada de desarrollo que tiene que ver con el progreso, la acumulación de bienes y el acceso a servicios, o, considerando los datos e indicadores incluidos en el capítulo anterior, con un IDH alto. En el primer Informe sobre la Situación Social en el Mundo (1952), centrado principalmente en el Producto Nacional Bruto, "la ONU desató una discusión en la esfera profesional del naciente campo del desarrollo entre aquellos que lo consideraban básicamente como un problema económico y aquellos que lo concebían como un problema social" (CEPAL, 2014, p. 81).

En México, los recursos naturales, las grandes cuencas hidrológicas y el patrimonio biocultural se encuentran en territorios indígenas. La visión indígena del desarrollo está ligada a la naturaleza, y los territorios y el desarrollo están planteados desde la colectividad. "Los sistemas de pensamiento, la concepción del mundo, así como la organización de la cultura, giran alrededor de esta relación sociedad-naturaleza" (Boege, 2008, p. 159).

> El concepto y la práctica del desarrollo, entendidos como política nacional de modernización y cooperación entre los Estados para erradicar la pobreza y el hambre de los países económicamente más desfavorecidos del mundo, han tenido una evolución. De entenderse sólo como desarrollo económico se ha pasado a una conceptualización como derecho humano, en un proceso de varias décadas, en especial en el marco de las Naciones Unidas (CEPAL, 2014, p. 81).

El derecho al desarrollo apareció en las Naciones Unidas a fines de la década de los sesenta, en la Conferencia Internacional sobre Derechos Humanos de Teherán, que tuvo lugar en 1968. En ella se estableció que, como los derechos humanos y las libertades fundamentales son indivisibles, la realización de los derechos civiles y políticos sin el goce de los derechos económicos, sociales y culturales resulta imposible. La consecución de un progreso duradero en la aplicación de los derechos humanos depende de unas buenas y eficaces políticas nacionales de desarrollo económico y social.

En 1969 la Asamblea General de la ONU adoptó la Declaración sobre el Progreso y el Desarrollo en lo Social, que establece el vínculo entre desarrollo y derechos humanos. En 1986, mediante resolución 41/128, la ONU proclamó la Declaración sobre el Derecho al Desarrollo, que considera el desarrollo como un derecho inalienable, y se lo relacionó con el derecho a la libre determinación.

> Artículo 1
> 1. El derecho al desarrollo es un derecho humano inalienable en virtud del cual todo ser humano y todos los pueblos están facultados para participar en un desarrollo económico, social, cultural y político en el que puedan realizarse plenamente todos los derechos humanos y libertades fundamentales, a contribuir a ese desarrollo y a disfrutar del él.
> 2. El derecho humano al desarrollo implica también la plena realización del derecho de los pueblos a la libre determinación, que incluye, con sujeción a las disposiciones pertinentes de ambos Pactos internacionales de derechos humanos, el ejercicio de su derecho inalienable a la plena soberanía sobre todas sus riquezas y recursos naturales.

Ahora bien, ¿qué es desarrollo para los pueblos indígenas? Si bien no existe un único concepto, sí existen elementos para la construcción de lo que para los pueblos indígenas significa el desarrollo.

Podemos señalar que la población indígena ve el desarrollo acorde a sus contextos, siempre con respeto a la naturaleza, a los espacios sagrados y a procesos que no tengan impactos negativos en los recursos naturales de las tierras que ocupan o utilizan. A esto se lo ha llamado *desarrollo con identidad,* o también *etnodesarrollo, desarrollo endógeno, buen vivir, desarrollo indígena,* o alguna autodenominación en los diversos idiomas indígenas, y debe respetar la identidad y sobre todo la estrecha relación que se guarda con la tierra y los recursos naturales.

Para identificar en qué consiste este modelo de desarrollo, recurriremos a algunos conceptos que se han construido desde la base social y desde las instituciones regionales e internacionales o en conjunto con éstas.

En la Declaración de San José sobre el Etnocidio[5] y el Etnodesarrollo, celebrada en 1981 en San José, Costa Rica, se hace referencia a la necesidad de poner en marcha un proceso de auténtico etnodesarrollo, es decir, el establecimiento y la aplicación de políticas tendientes a garantizarles a los grupos étnicos el ejercicio de su propia cultura.

El etnodesarrollo se define en el numeral 3) de la Declaración como

> la ampliación y consolidación de los ámbitos de cultura propia, mediante el fortalecimiento de la capacidad autónoma de decisión de una sociedad culturalmente diferenciada para guiar su propio desarrollo y el ejercicio de la autodeterminación, cualquiera que sea el nivel que considere, e implica una organización equitativa y propia del poder. Esto significa que el grupo étnico es unidad político-administrativa con autoridad sobre su propio territorio y capacidad de decisión en los ámbitos que constituyen su proyecto de desarrollo dentro de un proceso de creciente autonomía y autogestión.

Por *etnodesarrollo* también puede entenderse el "ejercicio de la capacidad social de un pueblo para construir su futuro, aprovechando para ello las enseñanzas de su experiencia histórica y los recursos reales y potenciales de su cultura, de acuerdo con un proyecto que se defina según sus propios valores y aspiraciones", mientras que para el Instituto Indigenista Interamericano *etnodesarrollo* es "la capacidad para ampliar y consolidar las creaciones históricas, y sumar a ellas las creaciones culturales ajenas, apropiadas por un acto de autodeterminación" (Fondo Indígena, 2005, p. 79).

La construcción del concepto de desarrollo desde la visión indígena tiene algunos elementos característicos, como se establece en el documento *Los pueblos indígenas en sus propias voces*, derivado de la reunión del Grupo Internacional de Expertos sobre los Pueblos Indígenas: Desarrollo con Cultura e Identidad: artículos 3 y 32 de la Declaración de las Naciones Unidas sobre los Derechos de los Pueblos Indígenas (2010):

---

5 El etnocidio, según la propia Declaración, significa que a un grupo étnico, colectiva o individualmente, se le niega su derecho de disfrutar, desarrollar y transmitir su propia cultura y su propia lengua.

- La importancia de los actores económicos colectivos y de las instituciones de la comunidad.
- La integridad del gobierno indígena.
- El propósito de la producción no debe considerarse sólo con respecto a las ganancias, sino más bien en relación con el mejoramiento de la calidad de la vida.
- El enriquecimiento del concepto de desarrollo para que los seres humanos estén en armonía con la madre tierra (la naturaleza o los recursos naturales, según la visión occidental del medio ambiente).
- La libre determinación.
- La interacción entre la población, los recursos y los aspectos espirituales de la vida, así como el fortalecimiento de las instituciones indígenas relacionadas con el conocimiento.

En México, en los últimos años se han realizado dos procesos de planeación territorial, la primera con el modelo de la Estrategia de Planeación y Gestión del Territorio para el Desarrollo con Identidad, implementado en el sexenio de 2006 a 2012, así como los Planes de Justicia y Planes Integrales de Desarrollo Regional, que se realizan en el actual sexenio a través del Instituto Nacional de los Pueblos Indígenas. Los últimos se refieren en el Programa Nacional de los Pueblos Indígenas 2018-2024, sin que haya información pública disponible sobre la metodología, sólo un listado de 133 regiones identificadas en el país (véase INPI, 2022).

Asimismo, existen experiencias productivas de desarrollo con identidad en comunidades indígenas, que abordaremos en este capítulo como experiencias exitosas para el desarrollo de las comunidades desde sus propias visiones y considerando la sustentabilidad.

3.1. CONSTRUCCIÓN DEL CONCEPTO DE DESARROLLO CON IDENTIDAD

En este apartado se incluyen los antecedentes de los distintos conceptos de desarrollo, tanto en el seno de la Organización de las Naciones Unidas como de la Organización de los Estados Americanos y otros organismos regionales especialistas en los temas indígenas.

El 25 de junio de 1993 se aprobó la Declaración y Programa de Acción de Viena de la Conferencia Mundial de Derechos Humanos, como un plan común para el fortalecimiento de la labor en materia de derechos humanos en todo el mundo. Ahí se reconoce que la democracia, el desarrollo y el respeto por los derechos humanos y las libertades fundamentales son interdependientes y se refuerzan mutuamente; asimismo, se reafirma por consenso el derecho al desarrollo como un derecho universal e inalienable y una parte integral de los derechos humanos fundamentales.

Desde las Naciones Unidas, el comité que supervisa el cumplimiento de la Convención Internacional sobre la Eliminación de todas las Formas de Discriminación Racial ha señalado en reiteradas ocasiones al Estado mexicano la necesidad de garantizar la participación de la población indígena cuando se plantean procesos de desarrollo, así como en la definición de la política pública, tomando en consideración la recomendación general no. 23 (1997) hecha al Estado mexicano en 2012 mediante resolución CERD/C/MEX/CO/16-17:

> Asegurar la plena participación de los indígenas, en especial de la mujer, en todas las instituciones de toma de decisiones, en particular en las instituciones representativas y en los asuntos públicos, y que tome medidas efectivas para asegurar que todos los pueblos indígenas participen en todos los niveles de la administración pública.

Asimismo, la Declaración y el Programa de Acción de Durban (2001), en su apartado referente a víctimas del racismo, la discriminación racial, la xenofobia y las formas conexas de intolerancia, reitera que "la plena realización por los pueblos indígenas de sus derechos humanos y libertades fundamentales es indispensable para eliminar el racismo, la discriminación racial, la xenofobia y las formas conexas de intolerancia", así como la determinación de "promover el pleno disfrute, en condiciones de igualdad, de sus derechos civiles, políticos, económicos, sociales y culturales, así como de los beneficios del desarrollo sostenible, con pleno respeto de sus características distintivas y de sus propias iniciativas" (p. 11).

Por otra parte, en el informe de la Relatoría Especial sobre los derechos de los pueblos indígenas, presentado ante el Consejo de Derechos Humanos en 2018, en el 39° periodo de sesiones, resolución A/HR/39/19, se señala:

> La libre determinación es un principio general de suma importancia para los pueblos indígenas, ya que afirma su derecho a realizar libremente su desarrollo económico, social y cultural, y que lo prioritario para los pueblos indígenas es la protección de sus tierras, territorios y recursos naturales tradicionales. Los pueblos indígenas cuestionan un modelo de desarrollo puramente comercial que no tiene en cuenta sus derechos y causa un daño irreparable al medio ambiente y a los recursos naturales de los que dependen para su supervivencia (p. 5).

El informe A/HRC/39/17/Add.2 de la relatora especial sobre los derechos de los pueblos indígenas, resultado de su visita a México en 2018, se centra en la reforma energética y sus efectos en los territorios indígenas. Así, en el apartado "Prioridades de desarrollo, megaproyectos, consulta y consentimiento", respecto a denuncias presentadas por los representantes indígenas, recomienda la necesidad de

> diálogos en condiciones de igualdad entre los pueblos indígenas y autoridades de gobierno sobre el concepto de desarrollo que conduzca a la adopción de decisiones conjuntas sobre el desarrollo en territorios indígenas. Las propuestas de desarrollo de los pueblos indígenas deben tener prioridad en sus territorios. La relatora recomendó que las políticas, leyes y planes de desarrollo deben tener en cuenta las propuestas, prioridades y preocupaciones de los pueblos indígenas en relación con el desarrollo en sus territorios o alrededor de los mismos (p. 17).

En el ámbito de la OEA, el Sistema Interamericano ha analizado principalmente el derecho de libre determinación como un derecho humano colectivo, y ha señalado que estos derechos son reconocidos generalmente para ser ejercidos por la colectividad, pues afectan intereses de grupos de individuos; también son referidos como derechos de tercera generación[6], en donde el titular es la comunidad.

---

[6] Los derechos humanos han sido clasificados atendiendo a diversos criterios; así, podemos encontrar clasificaciones que atienden a su naturaleza, su origen, su contenido y la materia a la que se refieren. Con un propósito pedagógico, han sido clasificados en tres generaciones, en función del momento histórico en

De manera particular, la Corte IDH se ha pronunciado respecto a los derechos colectivos de propiedad y posesión de tierras por parte de los pueblos indígenas, y al aspecto comunitario —colectivo— de dichas tierras. Los indígenas, señala, tienen derecho a vivir libremente en sus propios territorios, y "la estrecha relación que los indígenas mantienen con la tierra debe ser reconocida y comprendida como la base fundamental de sus culturas, su vida espiritual, su integridad y su supervivencia económica" (OEA, 2010, p. 21).

Asimismo, para la Corte IDH "el derecho a la libre determinación corresponde al derecho de buscar libremente su destino. La libre determinación es la posibilidad que tiene un pueblo de elegir el marco político más favorable para su desarrollo económico, social y cultural" (OEA, 2013, p. 56).

Ahora bien, con respecto al derecho al desarrollo, la Carta de la OEA cuenta entre sus principios fundamentales la búsqueda del desarrollo integral, que incluya los campos económicos, social, cultural, científico y tecnológico. La OEA considera el derecho al desarrollo como un derecho humano inalienable.

Las normas y la jurisprudencia del Sistema Interamericano han planteado que "el desarrollo debe ser necesariamente compatible con los derechos humanos, y específicamente con los derechos de los pueblos indígenas y tribales y de sus miembros", y que "no hay propiamente desarrollo sin respeto pleno por los derechos humanos" (OEA, 2010, p. 86).

El Fondo para el Desarrollo de los Pueblos Indígenas de América Latina y el Caribe, (FILAC, antes Fondo Indígena), organismo creado en 1992 en la II Cumbre Iberoamericana de Jefes de Estado y de Gobierno celebrada en Madrid, conformado por 22 Estados

---

que surgieron o del reconocimiento que han tenido por parte de los Estados. Es conveniente indicar que el agrupamiento de los derechos humanos en generaciones no significa que algunos tengan mayor o menor importancia sobre otros, pues todos ellos encuentran en la dignidad humana el principio y fin a alcanzar. Así, en la primera generación fueron agrupados los derechos civiles y políticos, en la segunda generación los derechos económicos, sociales y culturales, y en la tercera generación se agruparon los que corresponden a grupos de personas o colectividades que comparten intereses comunes (fuente: CNDH).

miembros, 19 de América Latina y El Caribe, conjuntamente con la CEPAL, ha solicitado a los países considerar que el consentimiento libre, previo e informado —como expresión básica de la autodeterminación— es el mecanismo principal para otorgar nuevo significado al concepto de desarrollo sostenible y dar cabida a los modelos autónomos de desarrollo de los pueblos, enraizados en sus propias cosmovisiones y epistemologías, que para hacerse efectivos requieren como base material los derechos territoriales y políticos.

Una vez que esbozados algunos referentes internacionales sobre cómo se ha ido desarrollando el término *desarrollo* desde una visión diferenciada por algunos organismos internacionales, señalemos algunos términos en las lenguas indígenas que los pueblos utilizan para designar el buen vivir o sus propias nociones de bienestar: *sumak kawsay* (quechua), *suma qamaña* (aymara), *kume mongen* (mapuche), *utz k´aslemal* (maya), *ñande reko* (guaraní), *lekil kuxlejal* (tzeltal) y *shiir waras* (achuar) (véase CEPAL, FILAC y Ford Foundation, 2020, p. 22). Hay, por supuesto, muchos otros, como lenguas y variantes lingüísticas existen en cada uno de los pueblos indígenas del mundo.

La obra *Los pueblos indígenas de América Latina: Abya Yala y la Agenda 2030 para el Desarrollo Sostenible* refiere que en las últimas dos décadas, estos conceptos han ganado popularidad entre diversos actores sociales y políticos, incorporándose a campos discursivos aparentemente muy disímiles —políticas públicas, programas sociales, agendas antineoliberales y antiglobalización, y programas para la sostenibilidad, entre otros— y llegando incluso a adquirir carácter constitucional, como en el Ecuador y en el Estado Plurinacional de Bolivia.

> En el "buen vivir" converge una gran variedad de intereses y significados; se trata tanto de una narrativa como de una opción política cargada de fricciones, que nacen cuando las representaciones de los pueblos indígenas construidas en los discursos globales en torno al medio ambiente y el capitalismo se confrontan con las aspiraciones e intereses que movilizan a estos pueblos. Así, el concepto es modelado por las particularidades de cada contexto social geográfico y político donde surge y responde a las contingencias políticas, económicas —y, más recientemente, ambientales— que atraviesan el escenario neoliberal de América Latina en la actualidad (CEPAL, FILAC y Ford Foundation, 2020, p. 22).

Así, consideramos importante el concepto de buen vivir que se desarrolla en la publicación: "un bienestar presente, construido a partir de la convivencia armónica de humanos y no humanos, reconociendo las diferencias y propiciando las complementariedades entre todos los seres que moran en el universo indígena" (p. 22).

En resumen, el buen vivir es lo que cada pueblo define como su bienestar, y que tiene como característica sobresaliente la conservación o el uso sostenible de los recursos naturales. Es así como las regiones indígenas son zonas importantes de conservación de biodiversidad.

3.2. METODOLOGÍAS QUE SE HAN IMPLEMENTADO EN MÉXICO DESDE EL GOBIERNO FEDERAL

Desde la publicación de la reforma constitucional de 2001 hasta la administración federal actual, se han llevado a cabo diversos procesos de participación de la población indígena para ejercicios de planeación microrregionales, algunos incluso a niveles municipales o comunitarios. En esta investigación se abordan los dos más recientes a nivel federal. El primer modelo de planeación que analizaremos es el proceso de planeación microrregional implementado por la Comisión Nacional para el Desarrollo de los Pueblos Indígenas. El segundo proceso es uno de los proyectos emblemáticos de la política pública indígena del Instituto Nacional de los Pueblos Indígenas.

Estos procesos, a pesar de haber surgido en distintos momentos, han sido planteados desde los gobiernos como herramientas para garantizar el desarrollo desde la visión de los pueblos indígenas como sujetos del desarrollo.

Estos procesos de planeación son la Estrategia de Planeación y Gestión del Territorio para el Desarrollo con Identidad y los Planes de Justicia. Como aquí se ha señalado, en su diseño y discurso institucional ambos procesos tienen como base que los pueblos indígenas ejerzan su derecho de libre determinación y autonomía para decidir las opciones de desarrollo que les son planteadas.

3.2.1. *Estrategia de Planeación y Gestión del Territorio para el Desarrollo con Identidad*

Según el documento *Memoria documental Desarrollo con Identidad para los pueblos y las comunidades indígenas 2006-2012:*

> Durante las últimas décadas del siglo XX y la primera mitad del siglo XXI, líderes indígenas, organismos internacionales y académicos vinculados al estudio de las culturas indígenas han señalado que la acción de las instituciones públicas ha sido insuficiente para revertir las condiciones de marginación y pobreza en las que vive una buena parte de la población indígena en México, y en algunos casos, ha generado impactos negativos en los mecanismos de reproducción de estas culturas [...].
> A partir de 2009 la CDI comenzó a impulsar un Modelo de Desarrollo con Identidad que parte de la idea de que la población indígena tiene derecho a un buen vivir, que se corresponda con sus diferentes maneras de entender el mundo y con sus creencias y valores. Por ello, busca lograr que la población indígena pueda introducir en su vida diaria cambios e innovaciones que les permitan un mayor control sobre su futuro y sus ambientes naturales, a partir de una acción pública orientada por ellos mismos, de acuerdo a sus prioridades y tiempos, que reconozca también el valor de sus culturas y lenguas (CDI, 2012, pp. 82-83).

La metodología planteada en el modelo de Planeación para el Desarrollo con Identidad establecía como objetivo buscar el buen vivir a través de la concurrencia institucional, para lo cual consideraba cuatro etapas: diagnóstico, la formulación del Plan de Desarrollo, la gestión del mismo y la evaluación de resultados.

Dicho modelo de planeación incluía ejes temáticos acordes con los programas presupuestarios que la propia CDI había creado: físico-ambiental, social-demográfico, económico, cultural e institucional y de derechos. La cobertura territorial se ajustó a los 103 Centros Coordinadores para el Desarrollo Indígena con los que contaba la institución, y se hicieron algunos específicos. Un plan con un enfoque de derechos humanos, único en su tipo, fue el Plan Microrregional del Pueblo Cucapá, de Baja California y Sonora, para la atención de la problemática derivada de la prohibición de la pesca ancestral de la curvina golfina en el Alto Golfo de California y Delta del Río Colorado.

A esta metodología de planeación territorial se la denominó Estrategia de Planeación y Gestión del Territorio para el Desarrollo con Identidad, cuyo objetivo se planteó orientar la acción pública para que la población indígena tomara en sus manos el proceso de planeación de su desarrollo de manera activa y consciente, congruente con su propia identidad, en un horizonte de largo plazo, en el que se definiera su visión de futuro y las acciones estratégicas en orden de prioridad, y que asumiera la actitud para gestionar, participar en la ejecución y dar seguimiento a dichas acciones.

Los procesos para la elaboración y validación de los planes derivados de la Estrategia de Planeación fueron facilitados por el personal de la CDI y del INCA-Rural. Todo el proceso de trabajo, consistente en talleres, concluía una vez que se priorizaban los proyectos a partir de las ideas que se manifestaban en los diagnósticos, y concluía con la validación de los proyectos que conformarían el Plan Microrregional.

Para el buen funcionamiento del modelo, la CDI consideraba que se requería una concurrencia articulada entre órdenes de gobierno, comunidades indígenas, organizaciones sociales y económicas y otros actores de apoyo para el desarrollo en torno a un proyecto microrregional participativo. También se señalaba que difícilmente se lograría un desarrollo sostenido, ya que no hay conocimientos, recursos o competencias suficientes en los diferentes sectores para resolver unilateralmente problemas complejos. La CDI y las representaciones de las comunidades se volvieron gestores de recursos para el financiamiento de dichos planes microrregionales.

Gráfica 11. Proceso de Planeación del Modelo de la Estrategia de Planeación y Gestión del Territorio para el Desarrollo con Identidad

Fuente: CDI, material de trabajo en diapositivas para el Plan Microrregional del Pueblo Cucapá

De acuerdo con la *Memoria documental*, esta Estrategia de Planeación Microrregional se implementó en 155 microrregiones conformadas por entre dos y diez comunidades indígenas que compartían identidad y valores, que enfrentaban condiciones físicas, ambientales y económicas semejantes entre sí, y que tenían posibilidades e intenciones de colaboración.

Los procesos de diagnóstico y planeación culminaban en la mayoría de los casos con una matriz de proyectos priorizados a 10 años, la cual junto, con el diagnóstico de la microrregión, conformaba la base del documento Plan Microrregional, que se sometía a una asamblea microrregional para ser validado, y con ello iniciar los procesos de gestión de recursos para su implementación.

Los planes microrregionales elaborados no lograron implementarse en su totalidad, y más allá de los programas presupuestarios, en virtud de la configuración institucional y el sistema presupuestario mexicano, las propuestas de los pueblos indígenas se incluyeron en un documento sujeto a la oferta institucional y a la disponibilidad presupuestaria, generando expectativas de desarrollo poco viables física y financieramente.

3.2.2. Planes de Justicia, Plan de Justicia Yaqui

En la administración federal 2018-2024 se iniciaron distintos procesos de planeación; el más difundido son los planes de justicia. El primero que se dio a conocer al público fue el Plan de Justicia para el Pueblo Yaqui. Su antecedente, publicado el 27 de octubre de 2020 en el DOF, es el Decreto por el que se crea la Comisión Presidencial de Justicia para el Pueblo Yaqui del Estado de Sonora, con carácter transitorio, integrada por 12 instituciones del Poder Ejecutivo Federal, cuyo objeto es el analizar, diseñar y proponer un Plan de Justicia para el pueblo yaqui de Sonora, que atienda sus necesidades sobre tierras, territorio, agua y desarrollo integral.

De ese decreto se deriva el Plan de Justicia para el Pueblo Yaqui, que se ha construido, según se señala en el Plan, con plena participación democrática, con reconocimiento y respeto absoluto al gobierno tradicional y representativo del pueblo yaqui.

Dicho plan establece que el Gobierno Federal articula acciones y presupuestos para cumplir con los compromisos asumidos por el Estado con el pueblo yaqui, y que se invertirán 11 mil 600 millones de pesos, sin considerar el componente de tierras, con una visión de país hacia el 2024 (INPI, p. 20).

Incluye un cuadro con los proyectos, la corresponsabilidad institucional, la inversión y el monto ejercido al año 2021. Los proyectos están clasificados en el rubro de infraestructura, salud y medicina tradicional, cultura, productividad y gobierno, y organización tradicional.

La metodología que se establece en el Plan constó de tres etapas:

- En primer lugar, se analizaron los problemas más sentidos por el pueblo yaqui para elaborar diagnósticos participativos y definir las soluciones más viables y pertinentes desde una perspectiva social y cultural.
- Sobre estas propuestas, los servidores públicos de más alto nivel del Gobierno de México dialogaron de manera directa y

horizontal con las autoridades tradicionales del pueblo y alcanzaron acuerdos.

- En una tercera fase, se procedió a la implementación de dichos acuerdos a través de acciones presupuestales y ejecución conjunta entre las diferentes dependencias que conforman la Comisión Presidencial.

Gráfica 12

Figura 1. Metodología para la elaboración del Plan de Justicia del Pueblo Yaqui

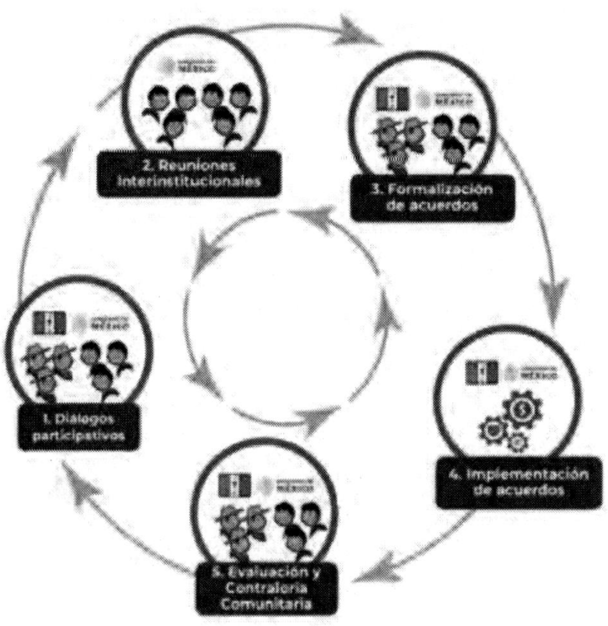

Fuente: INPI, Plan de Justicia Yaqui

Lo loable de este plan es que incluye los conceptos de desarrollo con identidad que planteamos en esta investigación. Uno es el diálogo directo con los liderazgos del pueblo yaqui y la inclusión de sus propuestas de desarrollo desde las necesidades más sentidas. A la fecha se han anunciado otros planes de justicia de diversos pueblos y estrategias de planeación microrregionales.

Ambas metodologías, como hemos visto, se limitan a que las instituciones del Gobierno Federal realicen talleres participativos para identificar las problemáticas de los pueblos y dar solución inmediata a problemas históricos mediante esquemas presupuestales de los programas sujetos a reglas de operación, sin que se trate de esquemas de planeación a largo plazo. Esto puede generar expectativas en la población que no serán cumplidas.

Se han invertido millones de pesos en estos procesos de participación comunitaria, a los que se ha denominado planes microrregionales o planes de justicia. La limitante que vemos es su temporalidad: en la Estrategia de Planeación se planteaba un plazo de 10 años y en el Plan de Justicia, apenas la vigencia del sexenio.

Otra limitante de estos planes es la construcción desde la visión de los programas presupuestarios, que no necesariamente responde a la solución de los problemas comunitarios o de los pueblos indígenas.

La dispersión de recursos en estas iniciativas no ha dado los resultados esperados. Muchas veces quedan en un documento en manos de los liderazgos indígenas, pero cuando concluye la administración en que fueron elaborados, termina el seguimiento y los recursos para implementar las acciones que resultaron en dicho plan, hasta que en una nueva administración se plantea un nuevo mecanismo participativo para identificar las propuestas de las comunidades. Así ha sido desde 1949 hasta los planes de justicia y microrregionales que se implementan en la actual administración federal.

En el caso de los planes de justicia, aún no es tiempo de conocer si operativa y financieramente son viables.

3.3. EXPERIENCIAS DE DESARROLLO CON IDENTIDAD

Existen experiencias de proyectos exitosos que nacieron desde las comunidades, tomando en cuenta los recursos de la propia comunidad, y que han llevado su propio proceso de consolidación a lo largo de los años.

Consideramos que son estos modelos autogestivos los que pueden garantizar el desarrollo económico de las regiones indígenas. Actualmente existe un modelo de planeación denominado *Plan de vida,* de la población náhuatl (macehual) de la sierra de Puebla, con una visión de largo plazo.

En el libro *¿Desarrollo con identidad? Gobernanza económica indígena. Siete estudios de caso,* se analizan algunos proyectos en territorios indígenas. Uno de ellos, el proyecto turístico abordado en el capítulo "Conflictos de inversiones en territorios indígenas: el turismo en la Comarca Kuna Yala de Panamá", que actualmente está vigente. Ese proyecto surge de un proceso de gobernanza indígena, que en dicha obra se aborda como gobernanza económica (Dumoulin y Gros, 2010, p. 235).

Para el Banco Interamericano de Desarrollo (2006):

> El desarrollo con identidad se refiere a un proceso que comprende el fortalecimiento de los pueblos indígenas, la armonía e interacción sostenida con su medio ambiente, la buena administración de los territorios y recursos naturales, la generación y el ejercicio de autoridad, y el respeto a los valores y derechos indígenas, incluyendo los derechos culturales, económicos, sociales, e institucionales de los pueblos indígenas, de acuerdo a su propia cosmovisión y gobernabilidad [...]. Adoptar conceptos diferenciados para el desarrollo indígena implica la aceptación de los objetivos económicos de estos pueblos, que, en muchos casos, no buscan necesariamente maximizar la rentabilidad de los recursos a corto o mediano plazo, sino que le dan prioridad a una visión de suficiencia del bienestar, de equilibrio con el medio ambiente, y de preservación de los recursos para necesidades futuras. Estas economías tradicionalmente no consideran que la acumulación de riqueza mediante excedentes de producción, especialmente individual o en grupos de elite, contribuya al bienestar o a la seguridad de sus sociedades (BID, 2006, p. 4).

La revista *National Geografic* (2018, 9 de agosto) documentó la experiencia del Hotel Taselotzin en Cuetzalan, Puebla, que es un referente para proyectos autogestivos y sustentables en el país. Este hotel es administrado y operado por mujeres indígenas e incluye nuevos proyectos de medicina tradicional y conocimientos tradicionales asociados a las plantas. Este espacio autogestivo se ha logrado mantener y conservar gracias a que se origina en la necesidad de las mujeres de contar con ingresos y aprovecha de manera sustentable los recursos naturales a su alrededor.

Otro proyecto exitoso, documentado por el sector ambiental en México, es el manejo forestal en Ixtlán, Oaxaca (véase R. Flores, 2021). La gran biodiversidad en los pueblos indígenas permite, principalmente, proyectos comunitarios vinculados al aprovechamiento de esos recursos a través de servicios ambientales, aprovechamiento maderable y turístico.

Este desarrollo, completamente autogestivo, ha sumado el acompañamiento institucional tanto federal como estatal, con financiamiento y acompañamiento técnico, así como del Fondo Mundial para la Naturaleza. Cuenta con una fábrica de muebles que aprovecha los recursos maderables y un desarrollo ecoturístico.

Es importante, entonces, que el Estado sea un facilitador de los procesos de desarrollo económico de las comunidades indígenas, y del fortalecimiento de capacidades de los actores de ese proceso de desarrollo, a fin de que en el mediano o largo plazo, dependiendo de la magnitud de los planes, sean las comunidades las que desarrollen las capacidades para apropiarse de ellos y mantenerlos en el tiempo, darles continuidad, y que esos instrumentos sean la guía a un futuro con mejores condiciones de vida.

El elemento principal para el éxito de dichos proyectos es la decisión de las comunidades, y en ocasiones el acompañamiento institucional, incluso sin financiamiento directo.

Estos ejercicios de planeación territorial autogestivos son ejemplos de gobernanza, ya que han permitido un diálogo directo entre las instituciones de la administración pública y las comunidades indígenas. Muestra también una forma distinta de hacer política pública, el trabajo territorial que se requiere para conocer las condiciones en las que viven las comunidades y los recursos con los que cuentan para poder hacer un planteamiento de desarrollo. Por el contrario, los proyectos que se ajustan a partidas presupuestarias están lejos de ser ejemplos reales de gobernanza indígena, toda vez que, a pesar de la participación de las comunidades y sus representantes, siguen siendo objeto de los ejercicios de planeación institucional.

Capítulo 4
Propuesta de modelo de gobernanza para el desarrollo con identidad en México

En los últimos años se han planteado diversas propuestas para abordar los problemas públicos que se presentan en la población indígena, desde planeación territorial o microrregional como una medida de enfoque de la política social, o comisiones intersecretariales. En estas propuestas o medidas puede incluirse el anexo 10 del Presupuesto de Egresos de la Federación. Sin embargo como a lo largo de estas páginas hemos señalado, las políticas que se han implementado desde 1949 no han logrado abatir los principales indicadores de rezago social de la población indígena.

El enfoque de gobernanza para el desarrollo con identidad de los pueblos indígenas permitiría un cambio de rumbo en las propuestas de solución a los problemas que enfrenta la población indígena, porque ésta se vuelve parte activa del proceso de desarrollo y se involucra al conjunto de actores que hoy intervienen de manera aislada o directa en algunos procesos de acompañamiento o financiamiento de iniciativas locales.

Los asuntos colectivos, además de rebasar los recursos disponibles por su dimensión, incluyen la participación cada vez más intensa de la ciudadanía organizada, y de manera específica de los actores que en ellos ven afectados sus intereses, recursos o modos de vida y demandan la solución creativa de problemas colectivos (García, 2019, p. 329).

Para construir un modelo de planeación para el desarrollo con identidad de los pueblos indígenas, es útil recordar este señalamiento de Peter J. May:

> Para atacar los problemas se exige encontrar soluciones distintas y nuevas. Pero más que las grandes crisis son los esfuerzos cotidianos de las organizaciones, en su afán por expandir sus ámbitos de influencia y por ajustarse a las condiciones cambiantes de su entorno, los que

> propician una búsqueda doble: nuevos problemas a resolver y nuevas soluciones a los problemas" (2000, p. 236).

Retomando estas ideas, se considera necesario realizar una propuesta de atención en la población indígena, un modelo de desarrollo que surja de los propios pueblos indígenas y de sus visiones de desarrollo, tan distintas como la propia diversidad de los pueblos indígenas en México. Este modelo impacta el modelo actual, que ha permanecido intacto en México, y a cuya Ley de Planeación únicamente se le incorporó la palabra *indígena* tras la reforma constitucional de 2001, sin que la planeación del desarrollo nacional, los programas y la intervención del Estado en los territorios indígenas incorpore la visión de los pueblos, algo que, como ya hemos visto, tiene repercusiones importantes y puede llegar al etnocidio.

Al respecto, Aguilar Villanueva plantea:

> En el campo de las políticas públicas relacionadas con los derechos humanos y temas afines, como el de la igualdad y la no discriminación, hay *dos posiciones*. La primera tiene que ver con el diseño y contenido de las políticas públicas particulares, cuyos objetivos, poblaciones meta y tipos pueden ser y son diversos. La segunda posición refiere a la exigencia de que la perspectiva de la igualdad sea una referencia obligatoria para todas las políticas públicas de un gobierno democrático de Estado de derecho, una "referencia transversal" que cruce o atraviese todo el conjunto de las políticas y programas (2015, p. 24).

El problema del desarrollo de la población indígena, como lo señala Aguilar, se ubica en esa segunda posición, por lo que se deben plantear soluciones para que la población alcance el plano de igualdad frente al resto de la población, que tiene mayores niveles de desarrollo. Se trata de

> *problemas complejos, multidimensionales en su composición y multifactoriales en su origen*, razón por la cual no pueden ser atendidos o resueltos satisfactoriamente sólo mediante políticas y programas particulares, que se desarrollan de manera aislada, a cargo de una específica entidad administrativa sin relación con las demás (2015, p. 25).

Estos problemas públicos son complejos porque tienen su origen en la conformación del Estado nación, un largo proceso histórico de asimilación y de políticas integracionistas, indigenistas, que buscaban eliminar lo indígena, al ser considerado (lo indígena, las comunidades indígenas) sinónimo de atraso. Son multidimensionales en su composición porque hasta ahora se ha planteado una única visión de desarrollo, dejando de lado las distintas voces de la población indígena para plantear las diversas propuestas de desarrollo acordes a sus contextos y planes de vida en colectivo, y porque se necesita la intervención de distintos actores para promover o implementar las propuestas de buen vivir. Finalmente, son multifactoriales en su origen porque los pueblos indígenas, al no ser sometidos o asimilados a esta idea de nación homogénea, son hoy un grupo social con altos niveles de discriminación, de pobreza y marginación.

Existe en la actualidad una importante organización productiva en las comunidades, muchas de ellas autogestivas, que incluso cuentan con ingresos para el manejo de sus proyectos.

> Para el enfoque de la gobernanza el gobierno no está encargado ni tiene ya las posibilidades materiales y organizacionales de dirigir todo aspecto de la vida pública de una sociedad. De este modo, la coordinación con el sector civil y el sector privado se hace indispensable. Esta característica del enfoque de gobernanza, como en los otros casos, también tiene que ver con las transformaciones al interior y fuera del Estado. La creciente participación de las organizaciones de la sociedad civil en la vida pública, así como una redoblada especialización de las funciones del Estado, han hecho que la teoría y la práctica de la administración pública, una vez más, presionen para repensar los vínculos tradicionales entre el Estado y sus ciudadanos, en particular a partir del supuesto de que la administración necesita de esa colaboración para lograr sus fines, lo que reta el principio tradicional de autosuficiencia (Pardo, 2016, p. 115).

En su libro *Gobernanza, transparencia y rendición de cuentas: un análisis de programas*, Omar Valencia señala que

> es un procedimiento moderno en la tarea de gobernar, realizado a través del diálogo, la negociación y el esclarecimiento de metas fortalecido por una comunicación política eficaz, con un objetivo final de lograr la integración social en campos de conocimiento y acción específicos; dicha integración no tendrá que ser idéntica en tiempo ni espacio, ya que esto evitaría el contacto con parcialidades y realidades distintas en diferentes niveles de acción y análisis. [...]
>
> La gobernanza permite analizar los procesos de formulación de políticas públicas a partir del rompimiento del modelo tradicional basado en el monopolio estatal en el diseño y toma de decisiones ejecutado

> de manera vertical, el cual por su falta de eficacia y legitimidad ha socavado la gobernabilidad y la creatividad en el gobierno, y que en este rompimiento, es cuando surgen los procesos participativos que pueden fragmentar el monopolio del Estado y descentralizar la toma de decisiones, así como en el diseño y aplicación de programas y políticas (2020, pp. 34-35).

Para los efectos de nuestra investigación, nos parece valioso retomar los elementos de la Gobernanza que establece Omar Valencia (pp. 40-41), porque son prácticas que ya existen en muchos pueblos y comunidades indígenas en el ejercicio de su derecho de libre determinación y autonomía:

- Formación de redes
- Autonomía
- Participación
- Fragmentación del poder
- Control (transparencia y rendición de cuentas)
- Toma de decisiones debatible (negociadas)
- Negociación, interacción
- Cambios institucionales
- Democratización

Todos estos elementos se dan en los procesos de libre determinación en los pueblos y comunidades indígenas, por lo que, como hemos señalado, el enfoque de gobernanza es el que puede generar cambios importantes en el desarrollo con identidad de los pueblos y comunidades indígenas.

En el enfoque de gobernanza se debe considerar la relación directa entre los pueblos indígenas y el Estado, pues el derecho de libre determinación y autonomía está intrínsecamente vinculado al derecho a la participación en la toma de decisiones y a la consulta. El proceso de diálogo abierto, directo y constante es lo que puede dar éxito, o no, a cualquier proyecto en una comunidad.

Francisco Porras (2016) ofrece elementos que fortalecen el argumento a favor de la utilidad del enfoque de gobernanza cuando se plantea abordar una nueva forma de planeación del desarrollo para los pueblos indígenas. Estos elementos, que se resumen a continuación, se encuentran presentes en la propuesta que da origen a esta investigación:

- La cooperación entre actores gubernamentales y no gubernamentales, especialmente la que se consolida en formas de interacción sostenidas en el tiempo, cuestiona el presupuesto de que alguien tiene todo el poder, los recursos y la información para hacerse cargo por completo.
- La auto organización social y del mercado no solamente son un componente sistémico del orden sociopolítico-económico, sino que, en algunos sectores, son el factor más importante, dado que en la sociedad civil y en los mercados se encuentran la mayoría de los recursos necesarios para timonear a la sociedad en su conjunto.
- La rendición de cuentas en la gobernanza se entiende mejor como un sistema de mecanismos interrelacionados que ofrecen modos, mecanismos y niveles diferentes para rendir cuentas a los superiores legales o burocráticos, a los pares, a los subordinados y a uno mismo.
- Para timonear de manera efectiva, el reto principal es cómo articular prioridades comunes que sean coherentes entre sí; es decir, cómo asegurar un timoneo efectivo de la diversidad hacia el acuerdo y la implementación que vaya más allá de lo micro (aquí las redes parecen ser especialmente eficaces).
- La interdisciplinariedad, sin ella es imposible lograr acuerdos colectivos para el logro de objetivos comunes.

4.1. GOBERNANZA Y PUEBLOS INDÍGENAS

Cuando hablamos de gobernanza indígena, es importante señalar que la base es el derecho de libre determinación. En virtud de ese derecho, los pueblos indígenas determinan libremente su condición política y persiguen libremente su desarrollo económico, social y cultural, tal como lo señala la Declaración de las Naciones Unidas sobre los Derechos de los Pueblos Indígenas (DNUDPI).

Desde el Foro Permanente para las Cuestiones Indígenas (ONU, 2014), se ha señalado que la buena gobernanza comprende elementos o principios que están relacionados entre sí y se refuerzan mutuamente: transparencia, capacidad de respuesta, formación de consenso, equidad e inclusividad, eficacia y eficiencia, rendición de cuentas, participación, consulta y consentimiento, derechos humanos y Estado de derecho. La buena gobernanza se relaciona con la cuestión de quién puede acceder a la adopción de decisiones y a la potestad relativas a las tierras, los territorios y los recursos que generan ingresos y servicios para las personas.

La buena gobernanza debe considerarse desde una perspectiva integral. Las formas de gobierno propias de los pueblos indígenas se basan en sus prácticas, costumbres e instituciones sociales, económicas, políticas, culturales y espirituales.

También se incorporan elementos de una gobernanza indígena, la cual "debe reconocerse y respetarse en el contexto de los derechos colectivos, incluido el consentimiento libre, previo e informado, para garantizar el pluralismo jurídico" (ONU, 2014, p. 7).

Desde el Grupo Internacional de Trabajo sobre Asuntos Indígenas (IWGIA por sus siglas en inglés), organización global de derechos humanos dedicada a promover, proteger y defender los derechos de los pueblos indígenas, se ha denunciado que éstos en muchos países siguen sufriendo marginación y discriminación, lo que redunda en políticas y leyes discriminatorias.

El segundo informe temático, elaborado en 2019 por la Relatoría Especial de los Pueblos Indígenas, y presentado ante la Asamblea General de la ONU, se ha planteado que el reconocimiento del derecho de los pueblos indígenas a la libre determinación ha repercutido de manera positiva y transformadora en el derecho internacional.

> La adecuada efectividad de este derecho entraña cambios en la gobernanza general de los Estados, que a su vez produce resultados constructivos en términos de la realización de los derechos humanos, la reparación en casos de racismo, discriminación y desigualdad, la creación de unas sociedades más democráticas e inclusivas y la mejora de la legitimidad del propio Estado. La plena efectividad del derecho de los pueblos indígenas a la libre determinación constituye también la esencia fundamental para reparar violaciones de derechos humanos pasadas o actuales y la base principal para la reconciliación (IWGIA, 2020, p. 787).

Además, "el cumplimiento del derecho de los pueblos indígenas a la libre determinación requiere la creación de un verdadero diálogo intercultural que tenga en consideración los conceptos propios de autonomía y autogobierno de los pueblos indígenas" (p. 787).

Por ello, se debe realizar una propuesta de atención a las desigualdades en la población indígena. Con ese objeto se plantea una nueva política pública, un modelo de desarrollo que surja de los propios pueblos indígenas y de sus visiones de desarrollo, un modelo de planeación que transforme el modelo actual, que en México ha permanecido intacto.

Se requiere un modelo que dé voz a la población indígena en la definición de su propio desarrollo. No se trata de un esquema rígido, puesto que debe ser construido desde la base social indígena, con el Estado como acompañante, implementador y financiador del proceso, y abordado desde una perspectiva transversal, toda vez que son un grupo social particular, en el que existen interseccionalidades, y sobre todo su supervivencia atraviesa el actuar del Estado en su conjunto. "Requieren de múltiples acciones y programas de varias organizaciones de la administración pública, y organizaciones no gubernamentales, que se diseñan y ejecutan o deben diseñarse y ejecutarse en modo coordinado, complementario, congruente e integrado" (Aguilar, 2015, p. 26).

4.2. MODELO DE PLANEACIÓN PARA EL DESARROLLO CON IDENTIDAD DE LOS PUEBLOS INDÍGENAS

En este apartado se proponen únicamente los elementos para la construcción del modelo de planeación, debido al tiempo y la intervención multidisciplinaria que se requieren para el diseño y puesta en práctica de la metodología.

Consideramos que los dos modelos de planeación microrregional, la Estrategia de Planeación y Gestión del Territorio para el Desarrollo con Identidad y los Planes de Justicia, tienen las desventajas de que no derivan de una norma de aplicación obligatoria para las instituciones. Esto es, se trata de medidas compensatorias o incluso de programas presupuestarios o acciones que se realizan en cada administración; esa temporalidad determina el poco éxito de estas experiencias.

Los modelos de planeación y las metodologías que a la fecha se han implementado han sido previamente diseñadas por las instituciones, y en su mayoría no son acordes a los tiempos y necesidades de los pueblos y comunidades indígenas. A esto se suma que tales instrumentos de planeación no son vinculantes para las instituciones, por lo que no se destina presupuesto para la implementación de acciones o para su ejecución.

Un elemento importante que no es tomado en cuenta en estos procesos de planeación es que las soluciones a los problemas históricos de los pueblos indígenas no caben en un programa presupuestario; sin embargo, la mayor parte de las acciones institucionales que se realizan para atender las propuestas de los planes derivan precisamente de programas presupuestarios.

Por último, consideramos que existe un grado de incidencia en la toma de decisiones o en la identificación de problemas por parte de las y los servidores públicos que participan en la etapa de diagnóstico, justamente para ajustar las problemáticas a programas o acciones de gobierno.

Por todo esto, se plantean a continuación algunos temas o elementos que deberían contemplarse a la hora de elaborar una metodología de planeación para el desarrollo con identidad.

- **Derecho a la libre determinación,** a efectos de que los pueblos indígenas establezcan libremente sus prioridades de desarrollo, y la visión de desarrollo que quieren alcanzar, con base en los procesos organizativos del pueblo o la comunidad de que se trate.
- **Derecho a la tierra y a los recursos naturales en sus tierras ancestrales o de los lugares que habitan,** considerando de manera física, pero también de manera espiritual, el territorio y los recursos naturales, a efectos de proteger los espacios sagrados, aquellos elementos culturales o biológicos esenciales para su existencia.

- **Derecho de participación y consulta indígena,** pues la materialización del ejercicio de la libre determinación de los pueblos indígenas se da a través de su derecho de participación en la toma de decisiones, máxime cuando se plantea su desarrollo. El derecho de consulta incluye el derecho de los pueblos indígenas al consentimiento o no consentimiento, de manera libre, previa e informada, respecto a las acciones públicas o privadas.
- **Derecho al desarrollo**, visto desde la visión de los pueblos indígenas, esto es, la concepción que para cada identidad indígena signifique el desarrollo, y por el tiempo que el propio pueblo o comunidad determine.

Gráfica 13. Elementos a considerar en el modelo de planeación para el desarrollo con identidad de los pueblos indígenas

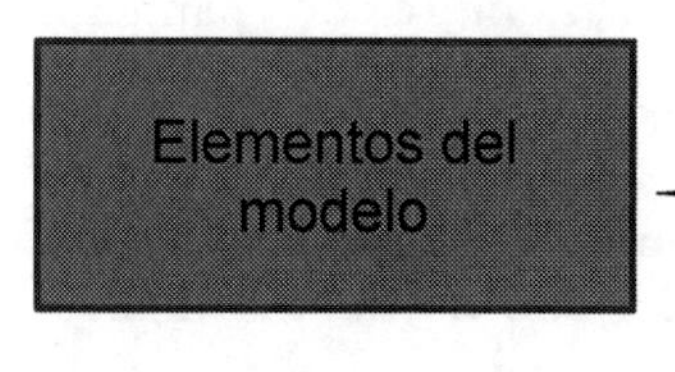

- Considerar la plurianualidad de la inversión
- Contar con facilitadores multidisciplinarios de la comunidad
- Incluir el desarrollo de capacidades locales
- Considerar la inversión pública abierta, esto es, no limitarlo a los programas presupuestarios
- No limitarlo a una territorialidad, e incluir las zonas urbanas

Fuente: Elaborada por la autora

- **Su elaboración debe considerar la plurianualidad,** toda vez que la planeación para el desarrollo con identidad requiere que el proceso sea determinado por la población, y la inversión no debe estar sujeta a un ejercicio presupuestal o a una administración.
- **Contar con facilitadores multidisciplinarios:** se requiere personal especializado para la elaboración del diagnóstico y la implementación del plan.
- **Incluir el desarrollo de capacidades locales,** con la finalidad de que el instrumento de planeación esté arraigado en la co-

munidad y se ejecute por integrantes de la propia comunidad, pueblo o región.

- **Considerar la inversión pública abierta,** esto es, que, contrario a lo que ha sucedido en los modelos o instrumentos de planeación que se han querido implementar o elaborar en y con la población indígena, se tratan de adecuar las propuestas a programas presupuestarios ya existentes. Se debe considerar que surgen propuestas que se resuelven con asesoría o acompañamiento especializado, incluso con litigios o alguna medida legislativa.
- **No limitarlo a una territorialidad:** debe considerase la posibilidad de que una comunidad o pueblo indígena incluya a otras comunidades o pueblos, o incluso elaborar un plan regional, estatal o interestatal, considerando la territorialidad de cada pueblo, e incluir a la población que habita en zonas urbanas.

Este proceso debe ser necesariamente interdisciplinario para reflejar de manera adecuada la problemática, siempre con la anuencia de las comunidades, a fin de evitar interpretaciones hechas por los facilitadores.

Un elemento a incluir en el instrumento de planeación es la visión a futuro de las comunidades. El periodo de tiempo debe ser establecido por las comunidades que participaron en el proceso de planeación.

Ahora bien, para que estos elementos puedan ser implementados y tengan los efectos esperados, debe estar considerado en la legislación, se requiere un profundo proceso de armonización de todo el cuerpo jurídico del Estado y que los pueblos indígenas sean reconocidos constitucionalmente como sujetos de derecho público; una vez que el marco jurídico se armonice, se requiere una administración pública con nuevas herramientas que permitan que las acciones de gobierno y las políticas públicas cuenten con pertinencia cultural y sus acciones tengan como base el respeto pleno a los derechos humanos de los pueblos indígenas, la diversidad cultural y el pluralismo de culturas en nuestro país.

Gráfica 14. Modelo de planeación para el desarrollo con identidad

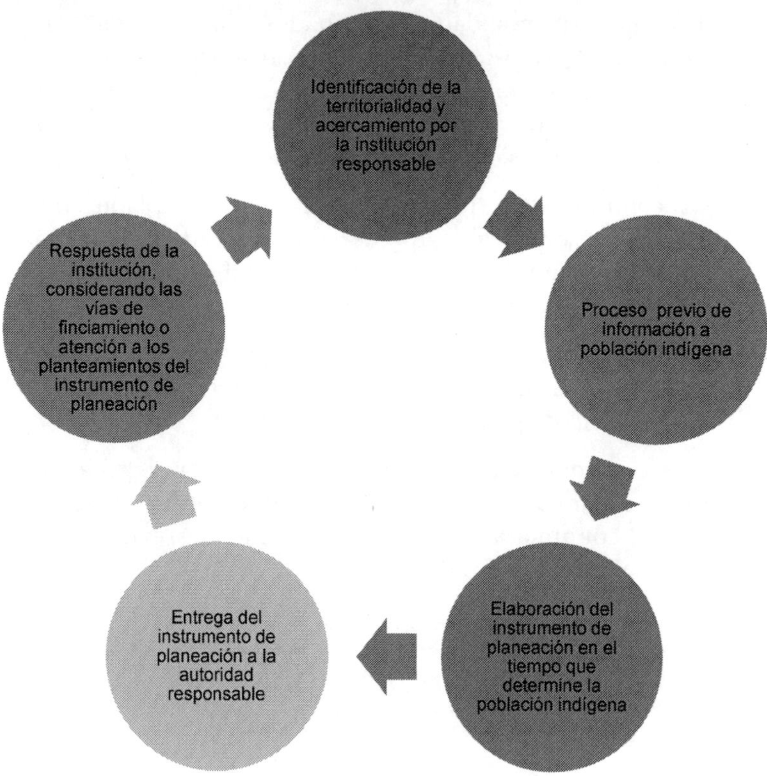

Fuente: Elaborada por la autora

- Las comunidades indígenas cuentan con elementos étnico-territoriales y prácticas de gobernanza que deben reconocerse de manera previa para evitar conflictos dentro de la comunidad o con otras comunidades, ya sea que pertenezcan al mismo pueblo indígena o a uno distinto.
- El proceso previo de información tiene la finalidad de establecer las condiciones de diálogo y determinar si existe el consentimiento de la comunidad para desarrollar un plan de desarrollo territorial una vez que la comunidad otorgue su consentimiento y se establezcan las condiciones de diálogo.

- El instrumento de planeación debe elaborarse bajo la denominación que la propia comunidad determine; existen modelos de territorialidad denominados *planes de vida, planes de etnodesarrollo, planes de gestión,* entre otros. Dependiendo de los tiempos que establezcan las comunidades, se deben respetar las celebraciones religiosas, culturales y los ciclos de siembra, cosecha y rituales que ellas realizan de manera continua.
- Las comunidades entregan el instrumento de planeación a la institución responsable, que será la encargada de coordinar la implementación junto con la comunidad y otros actores de la sociedad civil y de la iniciativa privada.
- La institución responsable debe brindar respuesta y llevar a cabo todas las acciones para la implementación efectiva del instrumento de planeación.

Se considera que deben establecerse indicadores de desarrollo con identidad para la evaluación de este proceso diseñados por las instituciones, conjuntamente con las comunidades, para evaluar la efectividad del instrumento de planeación.

4.3. ANÁLISIS DEL MODELO DE PLANEACIÓN PROPUESTO

En primer lugar debe señalarse que plantear una propuesta de esta naturaleza tiene impactos normativos y presupuestales, así como resistencias institucionales.

Un mecanismo de planeación para el desarrollo con identidad debe quedar establecido en la legislación, con responsabilidades institucionales bien definidas, y contar con presupuesto para ser implementado.

El modelo de planeación requiere ante todo tener un carácter vinculante, que sólo puede lograrse si se incorpora en la legislación. Así, podría plantearse en la Ley de Planeación una reforma para que se realicen instrumentos de planeación para el desarrollo de los pueblos y comunidades indígenas.

En ese mismo sentido, la responsabilidad de promover la elaboración de los instrumentos de planeación también debe quedar establecida en la legislación. Cabe mencionar que la institución especialista en la atención de los pueblos indígenas ha sido la responsable de coordinar la elaboración de estos instrumentos; no obstante, se requiere capacidad de coordinar a las instituciones que deban intervenir en el proceso de desarrollo. El INI, la CDI y el actual INPI son organismos descentralizados de la administración pública que no han logrado coordinar la intervención de las dependencias y entidades en el desarrollo de dichos instrumentos de planeación.

Replantear la histórica intervención integracionista del Estado en los pueblos y las regiones indígenas puede generar resistencias; por ello, consideramos relevante identificar los retos, las dificultades, las oportunidades y las fortalezas.

- **Retos**. Cambiar el modelo de intervención en las regiones indígenas requiere cambios legales e institucionales para realizar una planeación a largo plazo, pues, como ya se ha señalado, se requieren presupuestos y seguimientos multianuales, lo que necesariamente pasa por un proceso legislativo, a fin de que se incluya un nuevo modelo de planeación basado en el enfoque de gobernanza en la legislación y se destinen recursos a largo plazo para el cumplimiento de los planes.
- **Dificultades**. Considerando que la intervención institucional debe llevarse a cabo con el consentimiento libre, previo e informado de los pueblos y comunidades indígenas, se debe considerar en primer lugar que puede haber consentimiento de intervención institucional, o no. En el país existen zonas de conflictos inter o intra comunitarios que pueden impedir el acceso de las instituciones del Estado. Asimismo, las resistencias institucionales pueden ser determinantes para el fracaso o el éxito de esta propuesta. Lo más fácil desde la política pública es diseñar e implementar políticas públicas homogéneas, sin considerar la diversidad cultural del país.
- **Oportunidades**. El Estado mexicano garantiza los derechos humanos de la población indígena, cumple con los estándares internacionales y recomendaciones a nuestro país, y con

ello la supervivencia de los pueblos y comunidades indígenas, terminando con el ciclo histórico de políticas integracionistas que han dado lugar a que diversos pueblos indígenas estén en riesgo alto o muy alto de desaparecer. Con ello también se promueve una nueva forma de gobernar y de hacer política pública en contextos multiculturales, con nuevas visiones de desarrollo desde la diversidad cultural.

El enfoque de políticas públicas desde la diversidad cultural o de políticas públicas interculturales requiere modelos de planeación participativos, donde la comunidad o los pueblos indígenas sean los que definan las visiones de desarrollo que mejor encajen con sus aspiraciones y su visión de futuro.

- **Fortalezas.** La mayor fortaleza de una intervención institucional consensuada que promueva el desarrollo de los pueblos y comunidades indígenas desde sus visiones es la permanencia en el tiempo de los proyectos. Los proyectos que surgen de la necesidad o del sentir de las comunidades permanecen en el tiempo, en contraste con los proyectos que no respetan la diversidad o no atienden las necesidades de las comunidades.

Por ello, el modelo garantizará elevar el nivel de vida de las comunidades, abatir los rezagos en los que se encuentran la mayor parte de las comunidades, y para el Gobierno representa un mecanismo que da un mejor destino a los recursos públicos. Hay que focalizar la atención y el destino de recursos para tener un mayor impacto en la población objetivo.

Por todas estas razones, es que afirmamos que el foque de gobernanza permitirá una nueva relación de diálogo entre el Estado y los pueblos indígenas, considerando que las políticas públicas que se basan en el cumplimiento de los derechos humanos tienen un mayor alcance y efecto en el grupo en que el que se implementan.

Conclusiones

Frente a la diversidad cultural, se debe optar por políticas públicas diferenciadas que permitan garantizar los derechos humanos colectivos de los pueblos indígenas para la supervivencia como pueblos diferentes culturalmente e iguales frente a los derechos humanos, y con ello el desarrollo y la conservación de los elementos culturales que los distinguen. Esto es posible con el enfoque de gobernanza.

Este enfoque de gobernanza atiende estándares internacionales de derechos humanos colectivos, como la participación en la toma de decisiones y el diálogo directo con el sujeto de atención colectiva, que son la base de esta propuesta, y permite con ello el ejercicio del derecho de libre determinación de los pueblos y comunidades indígenas.

En países de amplia diversidad cultural como México o con alta concentración de población indígena no se deben implementar políticas públicas homogéneas, consideradas asimilacionistas, ni políticas públicas que no tengan su origen en las aspiraciones de los pueblos indígenas. No se generarán cambios en las condiciones de vida de las comunidades si las propuestas y su construcción no responden a lo que las comunidades necesitan. No habrá cambio social si no se transforma la manera como se diseñan, implementan, monitorean y evalúan las políticas públicas.

Tomando en cuenta que la mayor parte de la población indígena se encuentra en condiciones de pobreza o en pobreza extrema, se requieren cambios sociales e institucionales importantes. El enfoque de gobernanza permite el abordaje de los problemas que aquejan a los pueblos indígenas y sus comunidades reconociendo en todo momento a los pueblos y comunidades indígenas como sujetos de su propio desarrollo y no como objetos de la política social que ha prevalecido en el país desde 1949, en la que el Estado define qué necesitan los pueblos indígenas en la generalidad, sin distinguir las vocaciones productivas ni la diversidad biológica y cultural de las diferentes regiones.

La gobernanza permite la participación activa de la población indígena en la definición de su desarrollo con identidad, planteado como un nuevo modelo de planeación que permita contar con propuestas colectivas y que sea ejecutado por la misma comunidad, con el objetivo de ir cerrando las brechas que históricamente han mantenido a los pueblos indígenas en desventaja frente al resto de la población.

Considerando que en los pueblos indígenas también existe una *gobernanza indígena* como expresión de la libre determinación y autonomía que se ejerce a través de las asambleas comunitarias en la toma de decisiones, donde la asamblea es la máxima autoridad y sus representantes toman lo que la mayoría decide como los acuerdos válidos, el enfoque de gobernanza acerca a la administración pública a los pueblos indígenas para que, en igualdad de condiciones y de diálogo, se construyan las propuestas para nuevas formas de diseñar políticas públicas.

Esta propuesta tiene como base el derecho de libre determinación y autonomía, considerada la columna vertebral del conjunto de derechos colectivos de los pueblos indígenas, y la llave que abre ese conjunto de derechos es el derecho amplio de participación en la toma de las decisiones de los asuntos que les afecten, y el derecho específico de consulta indígena para otorgar, o no, su consentimiento libre, previo e informado a la medida propuesta.

Este modelo cobra relevancia cuando hay tensión en virtud del desarrollo planteado por el Estado en las regiones indígenas, que está lejos de construir una buena gobernanza en las decisiones sobre las tierras, los territorios y los recursos que generan ingresos y servicios.

Como refiere el Foro Permanente (2014), la buena gobernanza indígena debe contemplarse desde una perspectiva integral, tomando en cuenta las formas de gobierno propias de los pueblos indígenas, basadas en sus prácticas, costumbres e instituciones sociales, económicas, políticas, culturales y espirituales. A esto Uvalle lo llama un Estado democrático de derecho, "cuyos atributos son la legalidad, la solución pacífica de los problemas y la vigencia de la certidumbre" (2019, p. 268).

El Estado no debe ser el benefactor del desarrollo, sino ser un facilitador del proceso de desarrollo. Tampoco un impositor del desarrollo. En los últimos años hemos visto empresas o instituciones del Estado que ofrecen inversiones en las comunidades indígenas. En el caso de las concesiones mineras, las comunidades indígenas se percatan de la existencia de una concesión cuando las empresas irrumpen en sus tierras a realizar trabajos de exploración o explotación. Aunque aquí el derecho a la consulta no sea el tema principal, no puede dejar de mencionarse cómo los proyectos emblemáticos en cada administración federal, estatal o incluso municipal siguen sin considerar a la población indígena en las propuestas de desarrollo, muchas veces porque temen que las comunidades no otorguen su consentimiento debido al daño o los efectos de dichos proyectos.

El Estado debe ser vigilante y garante del cumplimiento del derecho de los pueblos indígenas a la libre determinación a través del diálogo directo, consciente de los mecanismos de toma de decisiones y del gobierno interno de las comunidades. Mientras eso no pase seguiremos siendo parte de la región más violenta del mundo para los defensores y defensoras indígenas. De acuerdo con el informe de la Relatoría Especial sobre los derechos de los pueblos indígenas en 2018, México está entre los países donde se asesina a líderes indígenas por defender su derecho al territorio y a los recursos naturales.

Se debe advertir que, de continuar con el modelo de desarrollo actual, en el que los proyectos y acciones son impuestos a la población indígena, en los próximos años México habrá perdido lenguas y pueblos indígenas por la falta de oportunidades y ante la imposición de modelos de desarrollo que no son acordes con las visiones de los pueblos y comunidades indígenas, o porque se ven obligados al desplazamiento interno forzado de sus territorios ancestrales por la imposición de megaproyectos. Esto trae aparejadas prácticas etnocidas: la pérdida de territorio, de biodiversidad, así como de elementos de identidad, termina por extinguir las culturas indígenas, al no encontrar cabida en la protección del Estado.

No podemos cambiar las condiciones de vida de la población indígena con las mismas políticas públicas que han dado muestra de su mal funcionamiento y de su ineficacia en solucionar los problemas sociales para los que fueron diseñadas. Si queremos generar cambios profundos y transformar la realidad en la que vive gran parte de la población indígena, debemos cambiar la forma de diseñar las soluciones a los problemas públicos de la población indígena.

A los pueblos indígenas no se les ha preguntado, y por consiguiente vemos, sexenio tras sexenio, el fracaso de los programas sociales en mejorar las condiciones de vida de la población indígena. En cada medición o evaluación de la política social y en los indicadores de desarrollo, los mismos pobres, los mismos grupos sociales, siguen siendo los mismos pobres de siempre, a pesar de la inversión pública. Eso indica que algo tenemos que mejorar.

En resumen, el modelo pretende dotar al servicio público de herramientas para que, mediante el diálogo intercultural y garantizando el derecho de libre determinación, el Estado lleve a cabo procesos de planeación con la finalidad de garantizar los derechos humanos colectivos de la población indígena y el derecho al desarrollo con identidad.

Las faltas graves a los derechos humanos por los Estados en intervenciones en territorios indígenas se deben a la falta de inclusión y de participación de la población indígena en la toma de decisiones. En América Latina, los conflictos sociales por la imposición de proyectos se detonan en sitios con gran valor en recursos naturales y también alta concentración de población indígena. Ante ello, la solución que se plantea es una opción de desarrollo que permita cambiar la forma como se concibe el desarrollo. Debe advertirse que frente a megaproyectos, el modelo únicamente puede servir como herramienta orientadora para el diálogo intercultural y para sensibilizar en la importancia de la participación de la población indígena en la toma de decisiones y en la obtención de su consentimiento previo a las medidas que se propongan.

El modelo aquí propuesto no aspira a resolver todos los problemas sociales que actualmente presentan los pueblos indígenas, pues hay una multiplicidad de factores históricos que han influido en ello. Tampoco evitará que algunos pueblos indígenas se extingan. Lo que sí puede lograr en su implementación es evitar que se continúe atropellando el derecho al desarrollo con identidad de los pueblos indígenas en México.

Bibliografía

Aguilar, L. (2015). *Políticas públicas antidiscriminatorias. Curso de alta formación.* CONAPRED. https://www.conapred.org.mx/documentos_cedoc/Gobernanza%20y%20politica%20publica%20para%20la%20igualdad-Ax.pdf

– (2019). Las implicaciones administrativas de la nueva gobernanza pública. En INAP (Ed.), *Antología sobre teoría de la administración pública,* pp. 213-233. INAP.

Aguilera, R. (2012). *Naturaleza de lo público en la administración pública moderna.* INAP.

Banco Mundial (2015). *Latinoamérica indígena en el siglo XXI. Primera década.* Banco Internacional de Reconstrucción y Fomento. Banco Mundial. https://www.bancomundial.org/es/region/lac/brief/indigenous-latin-america-in-the-twenty-first-century-brief-report-page

Banco Mundial (2017, 9 de agosto). "Ser indígena y ciudadano en Latinoamérica". https://www.bancomundial.org/es/news/feature/2017/08/09/ser-indigena-ciudadano-latinoamerica

Banco Interamericano de Desarrollo (BID) (2006). *Estrategia para el desarrollo indígena.* BID https://dhls.hegoa.ehu.eus/uploads/resources/4999/resource_files/estrategia_para_desarrollo_indigena.pdf

Boege, E. (2008). *El patrimonio biocultural de los pueblos indígenas de México. Hacia la conservación in situ de la biodiversidad y agrodiversidad en los territorios indígenas.* INAH-CDI. https://www.gob.mx/inpi/documentos/el-patrimonio-biocultural-de-los-pueblos-indigenas-de-mexico

Comisión Nacional para el Desarrollo de los Pueblos Indígenas (CDI) (2010). *Programa para el Desarrollo de los Pueblos Indígenas 2009-2012.* https://dof.gob.mx/nota_detalle.php?codigo=5122935&fecha=04/12/2009#gsc.tab=0

– (2012). *Instituto Nacional Indigenista-Comisión Nacional para el Desarrollo de los Pueblos Indígenas, 1948-2012.* CDI. https://www.inpi.gob.mx/dmdocuments/ini-cdi-1948-2012.pdf

– (2012). *Memoria documental. Desarrollo con Identidad para los pueblos y las comunidades indígenas 2006-2012.* https://www.inpi.gob.mx/2021/dmdocuments/memoria_documental_cdi_2006-2012.pdf

– (2014). *Programa Especial de los Pueblos Indígenas 2014-2018.* CDI. https://www.dof.gob.mx/nota_detalle.php?codigo=5343116&fecha=30/04/2014#gsc.tab=0

- (2016). *Acciones de gobierno para el desarrollo integral de los pueblos indígenas, 2016.* CDI.
- (2016). *Indicadores socioeconómicos de los pueblos indígenas de México, 2015.* https://www.gob.mx/inpi/articulos/indicadores-socioeconomicos-de-los-pueblos-indigenas-de-mexico-2015-116128
- (2017). *Acciones de gobierno para el desarrollo integral de los pueblos indígenas, 2017.*

Comisión Económica para América Latina y el Caribe (CEPAL) (2013). *Consenso de Montevideo sobre población y desarrollo.* https://www.cepal.org/es/publicaciones/21835-consenso-montevideo-poblacion-desarrollo

- (2014). *Los pueblos indígenas en América Latina. Avances en el último decenio y retos pendientes para la garantía de sus derechos.* ONU. https://www.cepal.org/es/publicaciones/37050-pueblos-indigenas-america-latina-avances-ultimo-decenio-retos-pendientes-la

CEPAL, FILAC y Ford Foundation (2020). *Los pueblos indígenas de América Latina: Abya Yala y la Agenda 2030 para el Desarrollo Sostenible.* https://www.cepal.org/es/publicaciones/45664-pueblos-indigenas-america-latina-abya-yala-la-agenda-2030-desarrollo-sostenible

Charters, C., y R. Stavenhagen (2009). *Los desafíos de la Declaración. Historia y futuro de la declaración de la ONU sobre pueblos indígenas.* IWGIA. https://www.iwgia.org/images/publications/0277_El_Desafo_de_la_Declaratin.pdf

Chong, N., y L. Valdés (2015). *Ser indígena en México. Raíces y derechos. Encuesta Nacional Indígena.* UNAM http://librosoa.unam.mx/bitstream/handle/123456789/447/Coleccion_Mexicanos_indigenas.pdf?sequence=3&isAllowed=y

Cobo, J. (1983). *Estudio del problema de la discriminación contra las poblaciones indígenas. Informe final (última parte).* ONU, Subcomisión de Prevención de Discriminaciones y Protección a las Minorías.

Consejo Nacional De Evaluación de la Política de Desarrollo Social (CONEVAL) (2018). *Informe de evaluación de la política social, 2018.* CONEVAL. https://www.coneval.org.mx/evaluacion/iepsm/iepsm/documents/resumen_ejecutivo_iepds2018.pdf

- (2022) *Medición multidimensional de la pobreza en México, 2016-2020.* https://www.coneval.org.mx/Medicion/MP/Documents/MMP_2018_2020/Pobreza_multidimensional_2016_2020_CONEVAL.pdf

Dumoulin, D., y C. Gros (2010). "Conflictos de inversiones en territorios indígenas: el turismo en la Comarca Kuna Yala de Panamá". En Instituto Francés de Estudios Andinos, FLACSO-Ecuador, Centro de Estudios Mexicanos y Centroamericanos (ed.). *¿Desarrollo con identidad? Gobernanza económica indígena. Siete estudios de caso* (pp. 235-277).

Fondo Indígena. (2005). *Programa de Formación de Líderes Indígenas de la Comunidad Andina. Manual de Participante.* Fondo Indígena.

Flores, R. (2021, 2 de diciembre). "'El bosque es el corazón de Ixtlán': la historia de la comunidad que aprovecha y cuida sus bosques", *Mongabay. Periodismo Ambiental Independiente en Latinoamérica.* https://es.mongabay.com/2021/12/el-bosque-es-el-corazon-de-ixtlan-conservacion-mexico/

García, M. (2014). *Gobernanza y políticas públicas para el Estado moderno.* En UAMEX (ed.), *Administración pública y gobernanza en la segunda década del siglo XXI* (pp. 109-130). UAMEX.

– (2019). "Valor de las políticas públicas en la administración pública contemporánea". En INAP (ed.), *Antología sobre teoría de la administración pública* (pp. 327-347). INAP.

National Geografic (2018, 9 de agosto). "Un hotel atendido por indígenas nahuas". https://www.ngenespanol.com/traveler/el-hotel-taselotzin/

Giménez, G. (1998). *Identidad* (vídeo de YouTube). CIEG-UNAM. https://www.youtube.com/watch?v=6WlQV1R4wjM

Grupo de Trabajo Internacional para Asuntos Indígenas (IWGIA) (2020). *El Mundo Indígena 2020.* IWGIA. https://www.iwgia.org/es/ip-i-mi/3783-mi-2020-editorial.html

Hernández, J. (1995). "La OIT y los pueblos indígenas y tribales". *Revistas Jurídicas.* UNAM. https://revistas.juridicas.unam.mx/index.php/derecho-comparado/article/view/3320/3810

Instituto Nacional de Estadística y Geografía (INEGI) (2015) Encuesta 2015. https://www.inegi.org.mx/contenidos/programas/intercensal/2015/doc/eic_2015_presentacion.pdf

– (2020) Resultados del Censo 2020. Población hablante de lengua indígena. https://cuentame.inegi.org.mx/poblacion/lindigena.aspx

Instituto Nacional Indigenista (INI) (2001). Programa Nacional para el Desarrollo de los Pueblos Indígenas, 2001-2006. INI.

Instituto Nacional Indigenista (INI)-Programa de las Naciones Unidas para el Desarrollo (PNUD) (2000). *Estado del desarrollo económico y social de los pueblos indígenas de México, 1996-1997.* PNUD.

Instituto Nacional de los Pueblos Indígenas (INPI) (2018). Programa Nacional de los Pueblos Indígenas, 2014-2018. https://www.gob.mx/cms/uploads/attachment/file/423227/Programa-Nacional-de-los-Pueblos-Indigenas-2018-2024.pdf

– (2021) *Plan de Justicia para el Pueblo Yaqui.* https://www.inpi.gob.mx/gobmx-2021/Plan-de-Justicia-del-Pueblo-Yaqui.pdf

– (2022), *Regiones de los Planes Integrales de Desarrollo Regional de los pueblos y comunidades indígenas y afromexicanas por municipio, enero.* https://www.gob.mx/cms/uploads/attachment/file/722382/Regiones-indigenas-inpi-enero-2022.pdf.

LAND, Fondo para el Desarrollo para los Pueblos Indígenas (FILAC) y Ford Foundation (2019). *Objetivos de Desarrollo Sostenible (ODS). Una mirada desde Latinoamérica y el Caribe en la cosmovisión de los Pueblos Indígenas.* https://www.filac.org/objetivo-de-desarrollo-sostenible-ods-una-mirada-desde-alc-en-la-cosmovision-de-los-pi/

López Bárcenas, F. (2016). *Los Acuerdos de San Andrés, proceso constituyente y reconstitución de los pueblos indígenas.* https://www.redalyc.org/jatsRepo/325/32544732009/html/index.html

May, P. (2000). *Claves para diseñar opciones de políticas.* En Miguel ángel Porrua (ed.), *Problemas públicos y agenda de gobierno* (pp. 235-256). Miguel Ángel Porrúa.

Naciones Unidas (ONU) (1980). A/RES/35/56.https://digitallibrary.un.org/record/18892

– (1993). *A/RES/47/75.*

– (1993), Declaración y Programa de Acción de Viena.

– (1994). *A/RES/48/163.* Nueva York

– (2000). Creación *Foro Permanente.* Nueva York

– (2001). Declaración y Programa de Acción de Durban

– (2001). 2001/57. Relatoría Especial

– (2005). *A/RES/59/174 Segundo Decenio Internacional de los Pueblos Indígenas del Mundo.* ONU.

– (2007). *RES/6/36 Mecanismo de Expertos.* Nueva York: ONU.

– (2010). Desarrollo www.un.org/esa/socdev/unpfii/documents/EGM_DCI_Concept_Paper.doc

– (2014). Foro Permanente. Principios de una buena gobernanza ONU. www.un.org/esa/socdev/unpfii/documents/EGM_DCI_Concept_Paper.doc. (2018). A/HRC/39/17/Add.2. https://daccess-ods.un.org/tmp/7126458.88328552.html

Organización de las Naciones Unidas para la Educación, la Ciencia y la Cultura (UNESCO) (1981). Declaración de San José sobre el Etnocidio y el Etnodesarrollo. FLACSO.

Organización de los Estados Americanos (OEA) (2010). *Derechos de los pueblos indígenas y tribales sobre sus tierras ancestrales y recursos naturales.* OEA. https://www.oas.org/es/cidh/indigenas/docs/pdf/tierras-ancestrales.esp.pdf

– (2013). *Los derechos de los pueblos indígenas en el Sistema Interamericano: Principios básicos.* OEA. http://www.oas.org/es/sla/ddi/docs/pueblos_indigenas_publicaciones_Los%20Derechos%20de%20los%20Pueblos%20Indigenas_s.pdf

Organización Internacional del Trabajo (OIT) (2014). *Convenio Núm. 169 de la OIT sobre Pueblos Indígenas y Tribales.* OIT

– (2009). *Los derechos de los pueblos indígenas y tribales en la práctica. Una guía sobre el Convenio Núm. 169 de la OIT.* Departamento de Normas Internacionales del Trabajo, OIT. https://www.ilo.org/global/publications/ilo-bookstore/order-online/books/WCMS_126163/lang–es/index.htm

– (2020). *Comparativo C. 107 y 169, Organización Internacional del Trabajo.* https://www.ilo.org/wcmsp5/groups/public/@ed_norm/@normes/documents/sitestudiocontentelements/wcms_con_txt_itp_con_107_es.pdf

Fundar, Centro de Análisis e Investigación (s/f). *Los presupuestos transversales como herramienta para garantizar los derechos humanos.* https://www.fundar.org.mx/mexico/pdf/presupuestosyanexos.pdf

Pardo, M. (2016). *Una Introducción a la Administración Pública.* El Colegio de México.

Programa de las Naciones Unidas para el Desarrollo (PNUD) (2006). *Informe sobre Desarrollo Humano de los Pueblos Indígenas de México 2006.* CDI. https://www.gob.mx/cms/uploads/attachment/file/35732/cdi-informe-desarrollo-humano-pueblos-indigenas-mexico-2006.pdf

– (2010). *Informe sobre desarrollo humano de los pueblos indígenas en México. El reto de la desigualdad de oportunidades.* PNUD https://hdr.undp.org/content/informe-sobre-desarrollo-humano-de-los-pueblos-indigenas-en-mexico

Porras, F. (2016). *Gobernanza. Propuestas, límites y perspectivas.* Instituto de Investigaciones Dr. José María Luis Mora / CONACYT.

Presidencia de la República

– (2001). Plan Nacional de Desarrollo 2001-2006. https://dof.gob.mx/nota_detalle.php?codigo=766335&fecha=30/05/2001#gsc.tab=0

– (2007). Plan Nacional de Desarrollo 2007-2012. https://dof.gob.mx/nota_detalle.php?codigo=4989401&fecha=31/05/2007#gsc.tab=0

– (2013). Plan Nacional de Desarrollo, 2013 2018. https://www.dof.gob.mx/nota_detalle.php?codigo=5299465&fecha=20/05/2013#gsc.tab=0

– (2019). Plan Nacional de Desarrollo 2019-2024 https://www.dof.gob.mx/nota_detalle.php?codigo=5565599&fecha=12/07/2019#gsc.tab=0

Quadratín Oaxaca (2013, 13 de febrero). "La construcción de la presa Miguel Alemán, herida que jamás cerrará". https://oaxaca.quadratin.com.mx/La-Construccion-de-la-presa-%C2%93Miguel-Aleman%C2%94-herida-que-jamas-cerrara/

Romero, R. (2005). *¿Cultura y desarrollo? ¿Desarrollo y cultura? Propuestas para un debate abierto.* Cuadernos PNUD, Serie Desarrollo Humano 9. PNUD. https://unesdoc.unesco.org/ark:/48223/pf0000144076

Schiaffini, R.(2006). *El sistema de planeación mexicano hacia el siglo XXI*. Porrúa/IIDE.

Uvalle, R. (2019). *La reforma de la administración pública en la visión de la Agenda 2030 y los Objetivos de Desarrollo Sostenible.* En INAP (ed.), *Antología sobre teoría de la administración pública* (pp. 257-301). INAP

Valencia, O. (2020). *Gobernanza, transparencia y rendición de cuentas: un análisis de programas.* INAP.

tirant
PRIME

Inteligencia jurídica
en expansión

Trabajamos para
mejorar el día a día
del **operador jurídico**

Adéntrese en el universo
de **soluciones jurídicas**

prime.tirant.com/mx/